理解他者　理解自己

也人

The Other

WHO AM I?

Yi-Fu Tuan

我是谁？

段义孚 自传

[美] 段义孚 著

志丞 刘苏 译

上海书店出版社
SHANGHAI BOOKSTORE PUBLISHING HOUSE

摄于 1940 年或 1941 年初，此时段义孚一家准备由重庆迁往澳大利亚。在图中，段义孚试图挤开弟弟（画面中最右侧的孩子），从而获得母亲的更多关注。他紧挨着母亲，轻轻地靠着她的身体，而这个位置本该属于他的弟弟

段义孚一家合影

少年时期的段义孚与家人

1951 年 6 月，段义孚在牛津大学的毕业照

青年时期的段义孚

在牛津大学赛艇队的合影

1954年，段义孚在美国亚利桑那州做实地调查

段义孚和同伴进行实地调查

1963 年 2 月，段义孚和哈里斯夫妇在美国新墨西哥州船石镇（Shiprock）附近开展野外工作，哈里斯的大女儿莎拉坐在巨石旁边。段义孚的小卡车在照片的右边，追不上哈里斯家的那辆轿车

学术交流中的段义孚

晚年的段义孚与友人

晚年的段义孚曾回到祖国（摄于长城）

推荐序

周尚意

《我是谁?》是一本学者自传。作者段义孚先生是美国著名地理学家，人文主义地理学的创始人之一。在他拥有的诸多学术“帽子”中，有两顶比较重要。其一是美国艺术与科学院院士，其二是英国皇家科学院院士。段先生的许多著作业已译为中文，故汉语世界的读者对他的名字并不陌生。我相信读者选择此书，并非仅仅冲着段先生的学术光环。

就读者群数量而言，学者自传一定逊于各类明星、传奇人物的自传。如果书店中同时摆着航天英雄杨利伟的自传《天地九重》和段先生的《我是谁?》，那么我估计前者的销量更好。这是因为读者多有“猎奇”之心。对于普通人而言，航天员的生活、学习、工作具有神秘的色彩。读者透过杨利伟的自述，可以满足一定的好奇心，同时也可以体会到宇航员面对困难和死亡挑战时的英雄气概、坚定信念。但是对于学者的自传，人们的好奇心会少一些，甚至还有些许顾虑，唯恐读不懂特定学术圈中的“学术黑话”。但是段先生的这本自传可以打消读者的这种顾虑，因为全书几乎没有任何地理学的抽象术语。当然，江湖中关于段先生的许多亦真亦假的传闻，也可能是调动读者好奇心的由头。例如，这位人前羞涩的“社恐”学者，如何获得英美人文社会科学界的认可？一个终生未婚的人是否拥有浪漫故事？北洋政府时期的临时执政、国务总理段祺瑞是不是段先生的伯父？段先生的父亲与周恩来是什么关系?

不过，我向读者推荐读此书的出发点并非出于这些猎奇点。我的主要目的是，让读者通过阅读此书，打破普遍的偏见——地理学不是高深的学问。在资讯不发达的时代，像徐霞客、亚历山大·洪堡那样既能读万卷书，也能行万里路的人，自然比其他人的地理知识丰富。但在遥感、互联网等技术的支撑下，普通人可以迅速获得世界某个角落的地理信息，甚至用 AI 生成地图和文字。因此人们认为，不必将地理作为一门需要到大学里攻读的学科。早在 20 世纪 70 年代，段先生等人提出的人文主义地理学，就已经回答了此问题，即人不断对世界、对自己发出新的问题，这样的能力是目前技术不能够完成的。大数据驱动让人工智能在人机对话的自然度、趣味性上有了巨大突破，但距离机器人形成完全自主意识还很远。人们基于空间（space）、尺度（scale）和地方（place）这些地理核心概念而形成的循环感悟能力、不断问答的能力，是需要在大学地理专业训练中不断培养的。

《我是谁?》看上去是段先生的自传，我更建议读者将之视为地理学术专著。本书于 1999 年出版，当时我正在段先生就职的威斯康星大学麦迪逊分校地理系做富布莱特访问学者。11 月 17 日晚，出版社在大学书店举办了《我是谁?》的新书发布会，段先生在发言后回答了听众的许多问题。我当时买了一本，并请段先生签字，而后与他合影，这是我们两人的第一张合影。因为洗印出来的照片上有日期，所以我记得这个日子。当年的我，的确是将本书作为段先生的个人传记来阅读的。但是二十多年过后，我改变了看法。读者可以边读边理解段先生的地理思维逻辑。本书隐含着海德格尔的存在主义基调，即返回到思考的存在者。个人的存在有三个方面：1. 个人对周围环境世界（Umwelt）的体验，它并不是严格意义上的客观经验。2. 个人对其他人（Mitwelt）的体验，每个人都是以主观的方式来体验别人的。3. 自我的世界（Eigenwelt）。读者甚至可以将本书与段先生的另外两本书对比着看，一本是《回家记》，另一本是《人文主义地理学：对于意义的个体追寻》，两书汉译本已由上海译文出版社出版。在这两本书中，段先生用大量篇幅叙述了自己的人生经历，且介绍的事情与《我是谁?》中的多不重合。

地理学家回答“我是谁”，是在时空坐标中定义的，尤其是在空间坐标中。段先生将自己定义为世界主义者，对自己生活过的地方及未曾去过的地方都有情感和判断，而且这种情感和判断构成了他的地方感（sense of place）。地方感是段先生提出的学术概念。他的地方感是在不断发展的，这种发展是在循环感悟和不断问答的过程中推进的。因此，我们在读《我是谁?》的时候，很难得到一个绝对积极或消极的地方感。这与有些传记或文学作品不同。以笛福的《鲁滨逊漂流记》和戈尔丁的《蝇王》为例，这是两部荒岛文学作品，清晰展现了两位作者各自对荒岛的地方感。《鲁滨逊漂流记》表现作者对文明战胜野蛮的信心，而荒岛激发了人的潜能，笛福的地方感是乐观主义的；《蝇王》表现出作者对野蛮战胜文明的失望，而荒岛就是人性之恶的放大器，戈尔丁的地方感是悲观主义的。

在真实世界中，好坏是交织在一起的，因此段先生在本书和后半生的其他学术著作中，总是从好的方面，看到坏的方面，再找另一个好的方面……“是的，但是”（yes, but）是他与他人对话，与自己对话的常用模式。我将之说成“塞翁失马模式”。例如在本书中他描述了一次“逃亡”的经历：1938 年日军侵占上海，段先生的母亲带着四个孩子逃离上海，一路辗转，从上海到越南海防，再从海防到河内，继而从河内到昆明，而后再到重庆。8 岁的段先生当时身上起了许多水泡，痛苦不堪，而他母亲则用针挑破水泡，涂上药膏，缠上纱布。从河内到昆明的一路上，他们遇到许多糟糕的事情，原本这条路不会给段先生留下美好的地方感，可是段先生用“但是”二字扭转了话锋：“也正是在这条公路上，我体会到了母亲身上不为自己所知的品质——无限的温柔和耐心。”这样的感受使他长大后开始保护母亲。

有人会质疑对母亲的情感是不是地方感，但是借由一次身体的空间移动而产生的对自己、对他人、对自然的态度变化，也是地理学探讨的内容。这里的分析逻辑是：艰苦环境下的空间移动，促进了亲人间的了解，使亲情得以良性发展。二十年后，段先生在《人文主义地理学》中，已经将“塞翁失马模式”运用到炉火纯青的地步。他以亚历山大大帝历时多年的大规模军事活动为例，推测亚历山大大帝率军横扫希腊、小亚细亚、埃及、阿拉伯半岛、伊朗高原和印度时，未必想到促进各地的文化交流和融合，但事实上交流和融合却发生了，这是因为文化交流是人的普遍追求。此例的分析逻辑是：亚历山大大帝实践宏大的空间行动时，未必能估计到所到的效果。若他能从普遍的人性追求来展望，就可以预测到文化的交流是难以阻挡的趋势。

人们喜欢读“独特的人”所写的自传，因为他/她会展示寻常人看不到或者忽视的一些事物。段先生应该算得上“独特的人”，而且是对世界比较敏感的人。然而，段先生希望人们意识到，并非只有所谓独特的人、伟大的人才能洞察世界、认识地理，每个寻常的人也都是独特的人，可以通过不断地观察世界、感悟世界，生成自己的地理知识和地理观念，从而更清晰、更自主地走完自己的一生。正如段先生在本书第一章中所写的：“即便是普通人常见的生活经历，也应该有普遍的旨趣和意义。”如段先生说他们兄弟三人初到澳大利亚的中学，被粗鲁的同学嘲笑和欺负，读者看到此处，会感同身受，反思这种人性之恶。段先生在《人文主义地理学》中也记录了此事，足以见他的印象多么深刻。而恰恰是这种对和睦相处的普遍人性述求，让读者与自传作者可以实现心灵的沟通，并一起思考我们如何做才更像人。

最后介绍两位译者，他们是我多年前毕业的学生，曾多次独立和合作翻译段先生的著作。他们的工作帮助我和所有尊敬段先生的人，更好地了解他的思想。

周尚意

2023 年 5 月

于退思园

目录

第一章

自传：我的视角

苏格拉底有一句名言：未经审视的人生不值得度过。诚然，但如果一个人总是停下来审视自己的人生，那他的日子也就没法过了。所以，自我审视只能在特定的时间节点发生，或者等到弥留之际才可以来一次全面的考查。我已经老了，因而希望能在才思还算敏捷的时候探讨一下“我是谁”的问题。 3

像法国作家蒙田（Montaigne）[1]这样的人很富有智慧，参考他的经验，我觉得，如果只是囿于手头上的研究和反省，那么在这个问题上，也就是“自我考察”的工作中，不会走得太远，而只可能通向虚妄的结果。只有日复一日不间断的脑力劳动，才可能认识自我，最有效的实现途径应该是写作。写作会产生著作，于是我就能通过著作来认识自己。但是，通过写作认识到的自我能真实反映出自我吗？这个问题的答案很可能也是虚妄的。“真实”（true）和“真正”（real）这两个词的定义很难明确。除非你是一个研究形而上学的学者，热衷于玩味这些概念本身，否则在自传体作品里纠缠于这些细枝末节不会有什么收获。和绝大多数人一样，或许，我也是一个多面体的集合，但其核心只有一个自我，也就是此书中展现出的这个，才是我真正了解的。

---

1 蒙田（Michel de Montaigne，1533—1592），法国思想家、作家。——译注

我先了解，然后再把了解到的东西告诉给别人，这到底有什么意义？苏格拉底没有回答这个问题。但在我的想象里，他可能会这样说：“自我认知本身就是对自己的一种回馈；但是企图把所知道的东西告诉别人也暗藏着一种虚荣，比如，在公共场合滔滔不绝地说着自己。”我想，这一点上他是对的，确实有虚荣的成分。但还有另一种可能性，也就是，任何人都希望别人给自己好评，要么赞赏自己的外在成就，要么赞赏自我理解的深度。但也不能说这些都是虚荣，因为心理学认为，与人沟通是一个很正当的需求。如果说随意而为的自我审视只会带来虚妄的结论，那么持续严格的自我审视也会显得有些失真，除非，这样的审视最终能凝结成
4 可以阅读、思考和理解的一部书面作品。这缘于我们是彻头彻尾的社会性动物，需要别人的认可才能知道自己是谁。但在日常生活中，在别人眼里确认出来的自己，是相当肤浅的，因为这只反映出了普遍的公序良俗而已。倘若展开更加复杂而深刻的剖析，得到的自我，还能被社会所接受吗？还是会引发惊讶错愕？我一直都想得到一个明确的答案，但直到现在，我也只是敢以一种童心未泯式的勇气或者以垂垂老矣式的淡然，去接受——什么呢？——不能说是唐突的裁定，因为我所在的圈子太开明了，没有人会非常片面地评价别人，只能说是一种过度谦和的旁敲侧击或点到为止，是行

为和情绪表现出的一点点微妙的变化，但能够折射出意识的底层。

“我是谁?”是新千年即将来临之际的一个时髦问题。似乎每个人都在问。不仅个人、团体，甚至国家都会问自己“我是谁”或“我们是谁”。自我意识减弱的主要原因是社会和地域的流动性增强以及科技的快速革新。正如专家们所说，我们正处于身份危机之中。市面上的传记和自传比比皆是。这种自我营销不仅来自名人，也来自普通人，并在媒体上获得了很高的曝光率。作为一个寻不到根的人，我天生就该自我审视；在时代精神下，这可能会导致我通过各种方式，包括自传，让自己曝光。或许我的动因尤其多，因为我在很多意义上都是无根的人。我年轻时从未在一个地方住满过五年，直到 38 岁时搬到了明尼阿波利斯（Minneapolis）。在那之前，我一直在不停地换住处，先是小时候与家人一起，长大后便独自一人。我的“家”换了一个又一个城市——天津、南京、上海、昆明、重庆、堪培拉、悉尼、马尼拉、伦敦、牛津、巴黎、伯克利、布卢明顿（Bloomington，印第安纳州）、芝加哥、阿尔伯克基（Albuquerque）和多伦多。我在明尼阿波利斯和麦迪逊（Madison，我现在的居住地）各住了十四年，这两个地方是我仅有的可以寻找归属感的地方。在社交方面，我也同样无枝可依，原因很简单——我一直单身。一个家庭算是一片可以移动的旧土，是一个人成长的基础，但我与它无缘。

我的情况和别人相比又如何？别人，我首先想到的是我在日常生活中认识的人，主要是美国朋友。他们的背景各不相同，有些人表现出很强的更换居住地的意愿，但即使是最居无定所的人，融入当地社会和整个世界的程度也比我要深，因为他们有配偶和子女，为家所累也得与社区、学校
5 和其他机构发生联系。还有一些人，我也想到了完全陌生的人，生活在世界其他地方的人或生活在更早时代的人。根据民族志学家和历史学家的记录，他们的自我意识为我提供了最广泛的背景，支持我提出关于“自我”的问题。

首先是美国人。我记得，不久前，“我是谁”这个问题还很少被提起。当这个问题产生时，大多数男性的回答可能会是一种职业（例如水管工、律师），大多数女性的回答可能会与家庭有关（例如水管工的妻子、四个孩子的母亲）。然而，自 20 世纪 60 年代以来，这个问题不仅越来越多地被提出，而且大家还觉得以前的答案也不是很妥当。为了产生一个稳固的自我意识，一个人需要曾经的岁月，而不光是现在和未来；需要祖先和血脉，而不光是当下的家庭。去寻找祖先、故土和文化遗存，去寻找那些因为属于过去的岁月而令人心安的东西，已演变成一种爱好，也成为一种用于确认

自己身份的事业。不仅老年人和中年人开始拾起这份爱好，甚至年轻人也开始从事这份事业，因此，他们可能会丧失对自我身份不切实际的一些期待，而那种不切实际的期待还曾是美国年轻人身上的标志。

挖掘过去真的能给我们这个时代的善男信女一种认同感和归属感吗？也许吧，但这样获得的身份和归属感是当下活动的影响，是当下的研究得出的结论，以及当下对过去进行重建的结果，而不是重新身临其境地浸淫在过去的岁月里——这当然是不可能做得到的。一个人能够回到更早的时代，再次感受那时候的人间羁绊，这种想法只可能是一种幻想。但强大的幻想看起来也可以显得真实，也许这就是我们这个分裂的后现代世界的人们所需要的。

但是，在未发明文字或未识字的民族里，人间羁绊的力量绝不是一种幻想。那么，对于怀旧的现代男女来说，遇到的现实问题是："如果可以重新沉浸在过去的岁月里，我是否真的想实现呢？我是否清楚地知道，在一个前现代群体里求得认同，令个体性的自我沦为虚幻，会是一种怎样的感受？"世界上的民族志文学中充满了奇怪的风俗习惯，大多数读者并不认为自我湮没在群体中有什么特别之处。但对于我这样一名读者而言，就会显得很特别，也许这能揭示出我自己身上的一些特征吧。当我还是一名年轻学子，在阅读这些文献的时候，都很难相信人类学家多萝西·李（Dorothy Lee）对北加利福尼亚州温图族印第安人（Wintu）的描述——对于那些人来讲，与其说“自我”是一个有边界的实体，不如说它是一个边界逐渐消失并让位于其他实体的存在。例如，他们不会“使用‘和’这个字来描述一起
6 相处、一起生活或一起行动的人”。他们不会说“张三和我在一起”，而会表述成“张三我们在一起”，把“张三”变成一个限定词，以“我们”来代表两个独立的个体。当多萝西·李访谈温图族的一位名叫赛迪·马什（Sadie Marsh）的女性时，不出所料，赛迪讲述了另一个人，也就是她第一任丈夫的故事。可是李却坚持让赛迪讲述自己的故事，而她讲述出来的所谓“我的故事”里，前四分之三都是她的祖父、叔叔和母亲在她出生前的生活。[1]

某些不识字的人确实有强烈的自我意识和个体差异意识。例如，非洲的茨瓦纳人（Tswana）说，即使是同一对父母所生的孩子，其差异也大于相似之处，尤其是在思想和情感方面。但是，尽管人们清楚地认识到个性，但人们对个性的恐惧多于赞赏。个性是被压制的，因为除了意识到个体的

---

1 Dorothy Lee, “Linguistic Reflection of Wintu Thought,” and “The Conception of the Self Among the Wintu Indians,” in *Freedom and Culture* (Englewood Cliffs, N. J.: Prentice-Hall, 1959), pp. 121–130, 131–140.

独立性以外，人们更强烈地意识到，一个单独的人，或在群体中凸显出来的人，是脆弱的。[1] 与其他民族相比，欧洲人的独特之处恰恰在于此。从 16 世纪开始，人们不仅越来越认识到个性，而且对个性的自豪感也在稳步增长。他们先是为家族绘制肖像画；然后，出现了越来越多的个人肖像和自画像，乃至于人物传记、自传和反思性的随笔（尤其是蒙田的）。当然，只有那些出类拔萃的人或者人群才能参与进来。[2] 有趣的是，许多 1900 年前后出现的传记都显示出一种不确定性，因为作者似乎希望他们的主题是独一无二的，但同时又能让这种独特性潜藏在受人尊敬的社会类型中，无论是过去的还是现在的社会类型。所以，像那位温图族女人一样，在介绍独特的自我之前，他们可能会花大量笔墨描绘父母、叔叔、阿姨和他们的社交世界。

即便是自称个人主义者的美国人，在过去和现在都还是更倾向于写家族史而不是写自传。我注意到，一些退休的同事会运用自己的研究能力来重建自己的家谱。通常，他们

1 Hoyt Alverson, *Mind in the Heart of Darkness: Value and Self-Identity Among the Tswana of Southern Africa* (New Haven, Conn.: Yale University Press, 1978), pp. 68–69.

2 Georges Gusdorf, "Conditions et limites de l'autobiographie," in G. Reichenkron and E. Haase, eds., *Formen der Selbstdarstellung: Analekten zu einer Geschichte des literarischen Selbstportraits* (Berlin: Duncker & Humblot, 1956); Paul Delaney, *British Autobiography in the Seventeenth Century* (London: Routledge & Kegan Paul, 1969), p. 13.

会追根溯源到欧洲，设想自己的祖先史诗般地横跨大西洋的旅程，而后他们在东部沿海城市里打拼生活，在中西部的农场里站稳脚跟；然后才开始讲述自己那一代人的故事，包括兄弟姐妹的出生，自己的童年受到的教育，等等。让我惊讶的是，大多数家族史都会在这个时候结束。为什么会这样呢？为何要在信息足够充分，能够描绘完整个体的时候收笔呢？答案或许是：故土的生活可能充满浪漫色彩，漂洋过海的经历可能是史诗般的，在新世界里筚路蓝缕可能富有英雄气概，幼年时受到的教育可能带有恋旧情结；相比而言，成年后的经历总是千篇一律，无非是家庭琐事、更换工作、任职升迁等等，这些都不值得写，或者只能写给家人和亲密朋友们看看而已。

7 这样的反思让我相信，大多数人从根本上来说都是谦虚的，尽管他们在日常交谈和家庭聚会里，如果有机会的话，甚至在三分钟的广播节目连线里，都常常会自吹一番。而当他们获得的自我认识开始变得简明扼要时，就不会再把它强行灌输给别人了。那么，我是一个例外吗？我写这部自传性质的作品的理由又是什么？因为我既非美名远扬，亦非恶名广布，也未曾体验过什么特殊的生活环境，以至于非要用传记或者自传来彰显于世人。我想，最好的答案应该是完成这个作品本身。但我还有一个更一般性的答案，或者，也可能只是一个信念，一个带点宗教意味的信念而已，那就是，没有人的生命是微不足道的，所以，没有人的生命故事是微不足道、不值得讲述的。如果某个故事令人生厌，其错定然在于遣词造句上，而不在于生活本身。因此，能否找到一位有才华的叙述者是至关重要的。我是这样的人吗？首先，我的记忆力好吗？糟糕的记忆力可以通过认真研究来弥补。而我对艰苦的研究抱着什么样的态度？我需要从旧信件和公开的档案中去挖掘线索吗？是不是缺少了这些资源，自传体文学就会显得无足轻重？

身为这部自传文学的作者，我承认自己身上有几个弱点，尤其是糟糕的记忆力。我几乎不记得自己在中国度过的最初那十年时光了。我 10 岁到 15 岁期间住在澳大利亚，现在还留存着那期间的一些碎片化记忆，但依然少得可怜。我在菲律宾生活的那六个月的记忆还十分生动。而从 1946 年，也就是 15 岁起，能回忆起来的细节就开始密集起来了。

自从进入中老年期，我的哥哥段岱乎开始怀念起我们的童年往事，而我则开始担忧起自己的记忆力。我一向觉得他能回忆起的东西要比我多得多，但是他只比我大一岁而已。1997 年，在对中国进行了两个月的访问后，他回到了美国，向我提到了很多关于我们六十年前居住的村庄和我们就读学校的故事。他联系了儿时的同学，还记得他们的名字和长相，以及他们共同的经历。而我却为何不能像他那样记住那么多往事，反而忘记了那么多？这种健忘是否也能解释我为何缺乏回到中国的意愿？因为，我确实也想不出，回访一个记忆如此贫乏的地方有何意义？

我开玩笑地对哥哥说，他之所以记得那么多而我却记得那么少，是因为他是个悲观主义者，而我是个乐观主义
8 者。悲观主义者会认为自己的黄金时代在过去，相反，乐观主义者常把黄金时代放在未来。我可能是故意把自己的童年经历埋藏了起来，这样就不会停留在过去的诱惑里，就能更接受当下，并对未来抱有希望而非焦虑。

对未来的希望也可能影响了我自己对人类历史的总体理解。我并没有忽视人类的过去，相反，我常读历史。但我的阅读也是有选择性的，因为从历史书中，我得到的一个强烈印象就是，即便人类在早期时代取得了诸多伟大的成就，但总体上却可能是相当糟糕的。如今，当人们见到自然被亵渎、伤痕累累的大地上耸立起浮华丑陋的建筑，从而深感厌恶之时，他们往往会到很久远的黄金时代中去求得解脱和安慰。有的人会求之于18世纪工业革命之前的岁月，有的人会求之于中世纪，有的人会求之于古典时期，还有的人甚至会求之于虚无缥缈的景观。他们走得越远，找到的完美存在就越可能只是自己的一厢情愿。虽然这并不是我面对过

去的态度，但我也曾一度接受过雅克塔·霍克斯（Jacquetta Hawkes）[1] 的观点，即如果只是从美学和生态学的角度来看，18 世纪的英格兰可能正是人们向往的地方。在那个时代，英国人拥有那片土地，却并没有对它犯下暴行。富人和穷人都“知道如何利用乡下的事物来建造漂亮的建筑，并以独特的优雅将它们组合在一起。城市和乡村一起成长，互相满足对方的需求，这些需求也都达成了平衡”。[2]

但这也只是我的第一印象而已。仔细一看，18 世纪英格兰的画面也没有那么和谐，其他研究者也能看得出来，尽管霍克斯本人似乎不承认。例如，在塞缪尔·约翰逊（Samuel Johnson）[3] 的传记中，约翰·韦恩（John Wain）[4] 满怀渴望地描写的美丽景观，其实在约翰逊时代已经开始消失了。在赞美之中，他不得不承认，当时有一个明显不和谐并且有些危险性的因素，即大量病入膏肓、体无完肤的人和动物。[5] 而另一个被人诟病的污点是当时大量的绞刑架，上面挂着涂满柏油的罪犯死尸，很少有景观历史学家关注过这一点。只要有条件，绞刑架就会置于显眼的地方，如十字路口

---

1 雅克塔·霍克斯（Jacquetta Hawkes，1910—1996），英国考古学家、作家。——译注

2 Jacquetta Hawkes, *A Land* (London: Cresset, 1951), p. 143.

3 塞缪尔·约翰逊（Samuel Johnson，1709—1784），英国作家、文学评论家。——译注

4 约翰·韦恩（John Wain，1925—1994），英国诗人、小说家。——译注

5 John Wain, *Samuel Johnson: A Biography* (New York: Viking, 1975), p. 43.

处，尽可能地公之于众。胆小的旅行者会远远地绕过去，尤其在夜里。[1]

9 上文里我提到过，我很可能压抑了自己的童年经历，特别是那些美好的往事，这样，好对自己的晚年保持一个更加乐观的态度。可能，我在阅读历史的时候也做过类似的处理，也就是，安于现状的同时对未来抱着希望，在历史中解读出一种人类在宏观上不断进步的趋势，而这种眼光并不为那些老练的历史学家所认可。其实，我已经说服过自己，进步确实是存在的，因为我想象过，在每个历史时期，为了满足自己，我必须拥有什么样的社会地位。结论是：如果是在18世纪的话，我必须是一个坐拥大量地产的乡绅；而如果在中世纪的话，我最好是当一个位高权重的贵族；而倘若在古埃及，自然是莫过于当法老了。

我常醉心于历史，哪怕它的故事是残酷的。因为历史学家转述给我的故事并不能代表完整的历史（这几乎是必然的），而只是呈现出丰富多彩的一片景观而已。而我，则可以用心灵的眼睛去欣赏或辨析它。其实，我自己的过去还算不上是什么景观，因为它从未被历史学家整理过。就像所有发生过的事情那样，只是一堆零散的东西，碰巧幸存了下来

1 Leon Radzinowicz, *A History of English Criminal Law and Its Administration from 1750*, vol. I (London: Stevens, 1948), p. 216.

而已，在那里堆得高高的。传统意义上的自传作家会认为自己的任务就是把这些事件分门别类，又用时间线条贯穿起来，粉饰一番，制作成一个包装好了的假象，成为一个完好的景观或一条完整的故事线。然而，我却不是这样的作者。其实，我也不是研究自我历史的最佳人选，因为，我并不忍心去看那些残存的素材，它们会给我带来一种难以言表的悲伤。或许有些奇怪，那些破旧的牛仔裤、年久发硬的口香糖、生了锈的曲别针、污迹斑斑的高中和大学文凭……与其说它们告诉我留下了些什么，不如说它们是在提醒我，究竟遗失的有多少。过去的一切皆使我困惑，有时候，还有点恶心。

说来奇怪，过去的观念和理论并不会使我感到苦恼。例如，当我打开托马斯·伯内特（Thomas Burnet）的《地球理论》（*The Theory of The Earth*，1684）一书时，发黄的书页散发出一股霉味，让我意识到其作者早已归于尘土。但是书中的思想，尽管可能过时了，仍然是不灭的人类精神火焰。思想属于时代，但又超越了时代。我常这样看待它们，是因为它们不会像有形的物质那样崩溃瓦解，或像更低级的有机体那样在变成矿物质之前腐烂掉。我的身上缺乏成为一名物质生活历史学家的那种气质，但我却成为一名精神生活的历史学家。所谓精神，指的是整个思维和心理能力的范畴，它包括理念、思想和哲学，还包括形成它们的基调及其各式各样的经验形态。令我惊讶的是，虽然我的记忆力不好，但对过去的心理特征或情绪的记忆却异常深刻。

因此，读者可以预见到本书的不足之处。那就是，在很多回忆录里都能反映出的简明事实、确定的时间线索和重要的公共事件，本书里看不到。但矛盾的是，本书的优点之一，又恰恰是它的这些缺点。包罗万象的信息并不符合我的口味；同时，在我的生活中，阶段性的感受也不强烈，因为我缺少了像谈恋爱、结婚、生子这样的人生跳板。作为一个内向的人，我更喜欢居家的自娱自乐，就好像是在自己头脑里放着电影一般，而不是把这些影像投放到外面的大屏幕上，把世间的纷纷扰扰展示出来。

除了这些我现在认为是“消极优点”的“缺点”之外，我还可以指出本书里的一些积极品质。我可以如此声称：这是第一本美国华裔中产阶级地理学家写的自传。这种说法听起来很大胆，因为“华裔中产阶级”和“地理学家”的身份一结合，就会让写自传变得不太可能，单是其中任何一个身份都会叫停这项工作。像我这样的华裔中产阶级并不具备吸引力强、市场关注度高的那些主题，比如，经历了一番艰苦奋斗从唐人街的一个落魄人物蜕变成在郊区拥有豪宅的富翁之类的主题。我不曾经历过这样的挣扎和攀登。绝大多数中产阶级专业人士出身的中国移民在美国都取得了成功并且被大家认可。所以，还有什么比一个好学生变成高薪工程师这种“励志故事”更无聊的呢？那么，至于我的另一个属性“地理学家”又当如何呢？大多数地理学家都太外向，太乐于交际了，缺乏写人生故事的意愿。因此，我便找到了写这本自传的切入点——我是一名中产阶级的华裔，但一生都单身，因此不得不游离于华人的圈子之外；我还是一个地理学家，但在这个学科里也算是一个特立独行的人，不同于大多数地理学家，我的景观是“内在的”（inscapes），更多是心理上和精神上的景观。

我的自传还有什么与众不同的地方？我认为，另一个独特性在于，它记录了生活中不寻常的总体方向或运动轨迹。对于大多数人来说，生活是从私密转向公共的，也就是说，童年时期在家里和社区里度过，成年以后，便在日益广大的公共领域里度过，换言之，是从当地走向了区域性的领域，又从区域性的领域走向了全国性的领域。相比而言，我的生活却呈现出了相反的趋势，它从公共场所走向了私人场所，从世界走向了自我。在我看来，我的童年时光是具有公共色彩的，它的舞台是广阔的中华民族和世界。其中有两个原因，第一是日本侵华战争以及随后的第二次世界大战，这些战争都直接影响到我的家庭。第二是我父亲在中国社会的地位——虽然他在事业顶峰时也只是一个中层官员，但当时受过教育的人很少，他已经属于精英阶层。

11 当我长大成人时，二战已经结束，世界性的事情不会再那么直接地影响到我了，我的生活就变得私密了起来，而我的世界也收缩进了学习和工作的各个校园里。与此同时，在象牙塔里，我的精神生活却得以扩展开来。自我审视让我更加明白自己是谁，而审视外界则让我越发认清了外部现实的本质。这样的过程一直持续到了中年和老年。所以，我的人生轨迹也不能说是纯粹从公共领域转向了私人领域。在它成熟的一半里，我已经能够重新拥抱世界，尽管这是一个由观念和思想构成的世界，而非一个由行为和事件构成的世界。

这条螺旋式的路径为这本自传提供了一种时序结构，否则它将缺乏时间线。因此，在铺垫结束之后，我会开始讲述“世界舞台和公共事件”，之后便是两个更具有主观性的章节：前一个是个人的，后一个是亲密的。我在上文写道，即使是普通人常见的生活经历，也应该有普遍性的旨趣和意义，于是我就构思出了自传的这一核心部分。相比之下，“地理学拯救了我”更具有个人主义色彩，既是我对地理学的贡献，也是对更广阔世界的回归。

第二章

世界舞台和公共事件

作为一个孩子，我敏锐地感受到了国家和世界上的大 12
事件的影响，尽管还不明白它们的重要性。成年之后，我能更好地理解它们的重要性，但它们对于我来说，已经成为只能通过媒体“略知一二”的社会推动力和人性表达。当我还是个孩子的时候，有几个人曾经摸过我的头，或者给过我玩具，他们都是中国举足轻重的人物，其中至少一个人还是世界性的伟人。但成年以后，我就不认识这类有影响力的人物了。在这个广袤的世界里，我能影响的对象也仅限于散居各处的一小部分人，和我一样，他们也对人类的生存环境感兴趣。

何以至此呢？历史的偶然性是造成这一结果的原因之一，也就是说，我恰好出生在了某个特定的时间里。在我人生的前二十年里（1930—1950），碰巧发生了许多能登上头版头条的事件。其中最引人注目的包括中国的抗日战争和第二次世界大战、殖民解放运动、联合国的成立，以及一个可能出现的美丽新世界。这一系列的重大事件必然会触动人们的生活，包括一名中国孩子的生活。相对而言，20 世纪最后四十年里的那些杂驳小事就显得无足轻重了。当我 9 岁那年，一听说英国为了安抚日本人，关闭了中国与外部世界的唯一生命线滇缅公路时，玻璃杯里的那块西瓜（一个男孩子眼里夏天的终极享受）突然变得寡淡无味了。我抓着玻璃杯，茫然地盯着它——整个世界崩塌了。

若干年后，我在美国成为一名大学教师。即使是 1962 年古巴导弹危机这样可能引发核战争导致世界末日的重大事件，对我都没有多少触动，不足以让我推迟地质考察——不过我还是知会了同事一声，说我在车里备好了干粮和水，能让我在不毛之地撑过三天，因为我怕回到阿尔伯克基的时
13 候这里已经被核污染了。这场危机过后一年，大国之间仍在争吵不休。我去阿尔伯克基的中央大街看电影，从电影院出来，看到探照灯一样的光柱扫过夜空，立刻断定有人正在发动空袭。我原以为自己早就不必担心横尸街头，但在那一刻，对死亡的恐惧又卷土重来，令人厌恶。过了一会儿，我才意识到，原来是那儿的圆形剧场要举办汽车展了，刚才的灯光也只是广告而已，忽然感到了一阵宽慰！不过，现在回想起来，失落感也油然而生！当我还小的时候，我是日本帝国主义想要摧毁的目标；长大以后，自己的钱包又沦为汽车公司的目标。总的来看，这两件事情的区别在于：我曾经在世界性的大事件里充当一个籍籍无名的受害者；而如今，我在新墨西哥州寂静的小镇里当了一名教师，被灯光诱惑着，进到卖场里，绞尽脑汁思考到底是买一辆福特还是一辆雪佛兰。

在 20 世纪 30 年代，我有站在世界舞台上的感觉，国内

外发生的重大事件只是一个因素；更重要的原因在于我的出身，即中产阶级专业人士的孩子。这样一个孩子，即便只是和家人委身于一个毁于战火的国家，但只要他有一点天赋和抱负，就很可能认为自己将来还是有机会登堂入室、呼风唤雨。

单凭中产阶级的地位，何敢赋予这种自我期许？因为“中产阶级”这个词本身有问题，它的涵义是如此宽泛和松散，除非在特定的背景下去界定，否则几乎毫无意义。我之所以使用它，是因为我的父亲曾接触过关于美国社会阶层的术语，并受其影响，他觉得这个词可用，他在国外接受过教育的朋友和同事也有同感。中国的“乡绅阶层”或者“士大夫之流”这样的词语含义更狭窄、更确切，似乎更适合中国的国情，但他们也有自己的问题。这是一个过时的社会群体，可以说早在我出生之前就被时代淘汰了。此外，“乡绅”（gentry）这个词不可避免地带有英国的色彩，让人联想到土地所有权和优雅的田园生活，这与我的家族史或大多数拥有不到百亩土地的中国家庭的历史并不相符。所以我就用“中产阶级”这个词吧，给它一个更集中和专门的含义，包括了商贾和富农。但在社会中心地位和政治权力的严苛试炼之下，他们首先意味着一小群受过良好教育和训练有素的人——除了学习中国古典知识外，还在外国接受过一些教育。这个群体的成员、他们的家庭和往来者不仅享有社会声望，而且还拥有跨地区甚至于跨国的政治影响力。

14 我父亲出身寒门，从小就得开始奋斗。他靠着奖学金念完了书。尽管如此，不论贫穷与否，他对自身的阶级还是有信心的。当我们还是孩子的时候，他会向我们谈起大富大贵，但并非出于艳羡，而是让我们不要去追求这些东西，因为它们并不能长久。我父亲是政府官员，只论官阶大小，不认出身高低。不认出身高低的观念会让像我父亲这样的人感到平等和民主。他们有时候会觉得“中产”不是社会层级里的一个位置，而是一种所有人都可以，也应该渴望达成的中庸之道。哪怕是美国人，看到中国人这种追求平等的理想主义倾向，也会表示钦佩；尤其是美国人在见识过印度的种姓制度和日本社会阶层间的固化之后，就更喜欢中国社会这种有高下但不严格的社会层级体系。

我父亲的道德和社会价值观基本上是儒家的。虽然他出生于 1899 年，但就算是生活在任何一个世纪的中国都无所谓。他的理想是做一个秉承正直、有学识的士大夫。20 世纪 20 年代中期，他在美国读研究生的时候还学到了一套西方的东西，包括民主观念、杜威（Dewey）[1] 的实用主义和

1 杜威（John Dewey，1859—1952），美国哲学家、教育家、心理学家。——译注

科学素养。像他的同学那样，一回到中国，父亲就迅速晋升到了有影响力的职位上。而我自己早期的职业生涯和那时候的父亲相比，显得多么平淡无奇啊。30 多岁的时候，我从一名助理教授晋升为副教授。而父亲 30 多岁的时候，在大学里教过外语，当过北京电报局的经理[1]，当过北洋军阀的私人秘书，还在外交部做过官。所以，每天与外国人见面，用四种语言——汉语、英语、法语和德语沟通，对于他来讲都是例行公事。可见，他是一个见过世面的人，而我只是一个土包子。

但我作为他的儿子，亲历了他见多识广的天地。所以，我很早就获得了一种自信。在我搬家到澳大利亚、英国，并来到美国学习的时候，这种自信保护了我免受种族歧视的伤害，并缓解了些许疼痛。直到晚年，我才开始质疑这种自信的来源。自从 20 世纪 70 年代，美国执着追求着民族自豪感，这比其他任何事件都让我感到惊讶。人们认为，少数民族——尤其是那些非欧洲血统的人——普遍缺乏自尊。无论他们曾在自己的祖国有多强的自尊心，当他们以低贱的劳工身份进入美国的主流社会，当他们随身携带的文化，在新世界中被贬抑为“土气”“怪异”“落后”，又存在着或这或那的

---

1 原文如此。据相关史料，段茂澜所任职务为天津电报局局长。——编注

缺陷时，这些自尊心就都被侵蚀掉了。随着时间的推移，少
数民族自身也开始认同这些贬损。但他们的经历与我的经历
却又截然不同，这深深地触动了我。当我自尊心低落的时
15 候，几乎总是认为自己还不够好。相比之下，我从中国带来
的社会背景和文化食粮是力量的源泉，让我感到自信，并让
我觉得自己处于社会的中心地位，哪怕美国社会出于自身宏
观的政治目的，将我定义为少数族裔，是一个多少被边缘化
了的、需要扶助的人。

我一直都知道，社会地位赋予人特权并由此赋予他们自信，但不太清楚自己的文化背景所扮演的角色，尤其感到模糊的是，这个独特的文化背景究竟有什么作用。直到成年后，我才明白，从小养成的文化自豪感，并不是风俗习惯（用筷子吃饭）带来的，而是源自“高尚”的文化、民族文化或文明底蕴。这都是中国人自己形成的。当然，若不是中华文化在若干历史时期也能得到其他文化的肯定，这种自豪感似乎也会沦为自吹自擂。

高尚文化、民族文化或文明底蕴如何培养了中国孩子的自尊？民族的优越感是如何传承的？教科书无疑是一个重要的渠道。因为孩子们不可能一下子理解真实的历史，所以只能聆听历史上的英雄故事。有一个故事给我留下了挥之不去的印象，那就是南宋将军岳飞保卫中原王朝抵御北方入侵

者的故事。教科书里有一幅插画，岳飞跪在母亲身边，母亲在儿子的背上刺下了“尽忠报国”四个字。这个故事很有意义，因为当时的日本军队令我们四面楚歌，每天都有炸弹落在我们的国土上，爱国情绪很容易激发出来。但是爱国主义却又不等同于源自文明底蕴的自豪感。所以这种自豪感是如何传递给孩子们的，这就令人困惑了。我想，岳飞的故事所传达出来的信息，在某种程度上超越了“势不两立”的简单爱国主义，即超越了宋人是文明人、北方入侵者是野蛮人的二元对立。岳飞保卫宋朝，不仅仅是保卫一个王朝而已，而且是保卫文明本身。可以这么说：对自豪感的培养不是靠简单的吹嘘就能实现的。它不是靠着罗列出一长串的成就，比如建造了长城、发明了火药和指南针、中国人的船队比欧洲人更早开始遨游海洋，等等。它没有那么具体。润物无声但持续不断的方式，是要看到自己的文明较游牧文明体现出的优越性，尽管游牧民族拥有更强大的军事力量，正如岳飞的故事所呈现的。但我觉得更潜移默化且行之有效的方式，则是我们的榜样人物——家长和老师——的表达方式。他们有时说话的口气就好像这些人撑起了人类文明，而不仅仅撑起了中华文明。

但其中是否有一种狡黠的偷换概念？我刚才是把中原 16
文化与长城外的游牧文化作比较。但如果拿来同欧洲和西方文化相比的话，中华文明的成就又将如何呢？坦率的答案可能会让人泄气。因此，我们的教育者选择将注意力转移到时间演化上，而不是进行这种空间上的比较。他们会对我们这些孩子说：是的，我们中国人曾经是迷信无知的，但现在我们已经知道了很多，将来还会知道得更多，变得更强大。因此，在鸦片战争（1840—1842）中，中国败给英国的耻辱，尽管会在任何一本历史书里提及，但这种事件可能也会被解释成一种偶然的结果，也就是暂时性的实力不对等，它必将随着中国的现代化而消失。你还可以持守一种普世性的立场——教科书上的“我们”指的是中国人，但这个词也可以表示全人类。人类作为一个整体已经进步，并将继续进步，即使部分地区（包括中国）暂时落后。

孩子们的课堂学习总是以普通的日常经验为基础。我的学习过程就是这样。从 7 岁到 10 岁那几年，我们一家住在重庆郊区的一个村庄里。家里很穷，因为不在黑市上做点买卖的人都不怎么富裕。我们的学校是一个单间房，附属于一座发电站。每天上学都要经过一个村子，我对那个村子的一切感到既厌恶又害怕。那里的空气弥漫着一股酸腐味，恶臭的泥浆拖着我的鞋子，路边的商店昏暗又潮湿，卖的也不像是什么质量好的东西——最重要的是，偶尔还有办白事的。我现在还能回想起出殡的队伍及其中心拱卫的尸首——它裹在竹席里，上面绑着一只公鸡，这是送殡者和悼亡者们的预警系统，因为如果诈尸了，公鸡就会啼叫。相比而言，学校是一个让人快乐的场所！村庄和学校相距不过一百米，但在启智方面却有着天壤之别。在学校里，我们阅读着中国、欧洲和美国的历史，让人深感振奋；还有伟大的科学家和发明家的故事，如艾萨克·牛顿（Isaac Newton）、路易斯·巴斯德（Louis Pasteur）[1] 和本杰明·富兰克林（Benjamin Franklin），这些故事旨在激发我们的求知欲；还有德育故事——想想也知道，都是关于忠义孝悌的；也还有奥斯卡·王尔德（Oscar Wilde）的《快乐王子》（*The Happy Prince*），它教导我们长大后要成为富有同情心的人。

现在回想起来，我们接受的教育里，具有世界性的特色还在于：周围的长辈用自己的聪明才智不断激励我们，让我们相信，对知识的追求不仅高尚而且有趣。真的有趣吗？ 17
有哪个孩子不喜欢用风筝把雷引下来呢？如果本杰明·富兰克林能在暴风雨里奔跑——当然是为了科学的利益，为什么我不能这样做？我更喜欢另一个故事，据说取材于发明家詹姆斯·瓦特（James Watt）的生活。瓦特的母亲让那个似乎总是心不在焉的男孩计算煮鸡蛋的时间。过了一会儿，妈妈

1 路易斯·巴斯德（Louis Pasteur，1822—1895），法国微生物学家、化学家。——译注

又问："煮好了吗？"男孩看了看手里的手表，却困惑地发现，那是一个鸡蛋！手表在沸腾的水里上下翻滚着。我们这些孩子当初一定笑得很开心。老师是在鼓励我们顽皮吗？在某种程度上，是的。这就是我早期教育的奇迹。制定我们教育方针的大人很明智，他们知道顽皮可能是发现和发明的开始。小瓦特没打算做傻事，只不过心思根本不在那件事上。因此，我们得到的真正信息是，如果一个人的思想处在更高层面，那么不切实际也没太大关系。

更让今天的我吃惊的是，我们当年的读物里竟然还有王尔德的童话。中国的传说和文学作品里缺乏年轻天才的故事，因为中国人持守"对尊长，勿见能"的观念，唯一的例外只是在诗歌创作的领域里可以展现一番才华。因此，借鉴西方才显出了其中的意义。中国人也有很多关于仁义道德的故事，它们强调诚实、责任，尤其是孝顺——每个时期的社会都要在一定程度上促进这些理念发挥作用。那么，为什么引进《快乐王子》呢？这是一则寓言，讲的是为了救助陌生人而自我牺牲以至于陷入绝境的故事。在中国人来看，这好像不怎么体面。原因在于，中国人的某些道德观念缺乏崇高性和超越性。也许所有人，包括孩子们，都需要一些更振奋人心、更具有冒险精神的东西，而不能仅仅囿于家庭成员之间和邻里之间的合作观念。佛教可能在这方面提供了一些补充。小孩子可能会喜欢释迦牟尼的故事：年轻的王子离开了宫殿，在穷人、老人和病人中寻求真理和救赎之道。《圣经》中的许多故事也可以满足这样的需要。但出于某些原因，学校课程的设计者（顺便说一下，其中几位还是我父亲的朋友）选择不采用这些故事，也许是因为，他们作为世俗的人文主义者，不想把任何带有制度性宗教色彩的东西带进教室。王尔德的故事，表面上没有宗教色彩，但却符合宗教的道德想象，很好地达到了他们的目的。至少在一个孩子的脑海里——我的脑海里，它留下了不可磨灭的印记。在读过《快乐王子》之后，我再也不能把“好”仅仅局限于履行社会义务了。

因此，在那间小校舍里，在不断遭受轰炸的死亡威胁 18
下，老师期待我们这些孩子能一飞冲天。为了最大限度地开发“人”的潜能，我们继承了全世界的文化遗产。而如今，我才突然意识到，当年的老师和父母对于地理学——一门研究人类灿烂家园的学科，根本不关心。如果教育者认为某种文化在拓展思维和行动力方面比另一种文化更劣质、更无效，那么，在教育领域里，文化的多样性就会沦为没有价值的东西。我们当年的教育者，虽然可能十分拥护社会平等，但在教育方面却又十分崇尚精英主义。他们想当然地认为，一个人取得的成就排在什么位置，远比他在这个广袤世界上的何处——在什么地理位置上——取得成就重要得多；成就的价值才是首要的、可比的，而成就所在的地段并不可比，也没有比较的价值。

这与美国人的观念形成了鲜明的对比。在20世纪的最后二十五年里，美国孩子越来越被鼓励去拥抱自己的传统，也同时认为文化的多样性是一件好事。其中的原因并不清楚。可以用生物多样性来做个类比吗？为什么生物具有多样性才是好的？对谁有好处？对于许多人来说，无论是文化的多样性还是生物的多样性，其好处都只是一个常识而已。这可能源于平时在动物园里的所见所闻，大家自然会感到动物是越多越好；要么去人类学博物馆里瞧瞧，那儿的名声恰好是靠展品的数量和种类打出来的；要么去购物中心逛逛，琳琅满目的商品远远好于只售卖几件名牌货。

果真如此的话，从文化多样性出发，我便可以设想出这样一个美国：白人孩子庆祝感恩节，黑人孩子庆祝宽扎节（Kwanzaa）[1]——继续推导下去，红皮肤的孩子、棕皮肤的孩子和黄皮肤的孩子都会花更多的精力去庆祝自己的丰收节。由此，所有年轻人都能沉浸于自己的地区或民族，安全而满足地生活在各自世界的角落里，进而实现平等的文化理

1 宽扎节（Kwanzaa）：美国非洲裔的节日，源自非洲传统的收获节，庆祝活动从12月26日持续至次年1月1日，共七天。——译注

解。同时，它还在一个群体的习俗中植入了一种强烈的自豪感，并对其他群体的习俗养成了一种宽容或模糊的认可。但是，它却遗漏了每个年轻人身上具有的成长为世界主义者的潜力。这种潜力使得年轻人能够自由地在任何地方选择最好的东西，最重要的是，能够去理解任何一种文化实践的潜在意义和目的。[1]

当我还小的时候，能意识到自己是中国人，因为我知道自己不是日本人。日本人之所以显得特别，是因为他们是侵略者。那么，像艾萨克·牛顿、本杰明·富兰克林，在我
的意识中又是怎样的人呢？在我们的教科书上，他们的名字 19
都翻译成了汉字，显得有点怪异。但我并没有纠结于他们不是中国人。我太专注于他们做了什么，而对他们的国籍不感兴趣。他们都是值得我钦佩和效仿的杰出人物。小孩子几乎不会去注意民族或种族差异。一名非洲裔的美国孩子在学习圆锥曲线时，并不会在乎是白人还是黑人发明了几何学。大人总是会告诉孩子——就像一些致力于塑造民族自豪感的美国学校那样——首先要崇拜本民族的英雄。无论这种做法的直接收获是什么，它最终都会在年轻人走向世界舞台的过程中摧毁他们的自信。

---

1 这是我写的 *Cosmos and Hearth: A Cosmopolite's Viewpoint* (Minneapolis: University of Minnesota Press, 1996) 一书中的一个话题。

1941 年，当我们一家移居澳大利亚时，我的自信心受到了考验。当时我们几兄弟都不满 12 岁，就读的学校秉承英国公立学校的制度。在那里，青年的绅士气息和略带痞气的行事风格奇怪地混合成了校园的氛围。在某种程度上，我们几兄弟都感到格格不入。我们是仅有的亚洲人——不论在当时，还是在学校的历史上，亚洲人都是罕见的。与强壮的澳大利亚人相比，我们身材瘦小，显得营养不良；而且刚开始，我们一句英语都不会说。在开学的头几个月里，我们更是受到了无休止的骚扰。澳大利亚的男孩儿们一边围着我们跳舞一边不停地唱道："中国佬，没头脑……"他们在英语课上读过查尔斯·兰姆（Charles Lamb）[1] 的著名故事后，就假装扯我们不存在的辫子，还疑心我们吃过很多烤猪肉。

我们几兄弟该怎么应对呢？我们做了一件多数英国人都不大会做的事儿——打小报告。我们先是向父母抱怨了一番。一名中国阿姨听到了我们的抱怨，她自己的英语也说得磕磕绊绊，她让我们去告诉那些坏孩子："你们真没礼貌！全是胡说八道！"虽然我们还不太懂事，但也知道像这种外

---

1 查尔斯·兰姆（Charles Lamb，1775—1834），英国作家，写过关于中国的散文《豕炙》（*A Dissertation upon Roast Pig*）。——译注

交辞令肯定是毫无用处的。后来我们跑去告诉了校长，但他只是说我们得自己想办法，除非那些嘲笑我们的坏孩子阻止我们上课。所以我们开始反击了，尽自己所能地凭着正义的愤怒弥补了脏话和身材上的不足。不久之后，种族歧视和骚扰开始减少。有时候，我们甚至乐于打架，以至于完全忘记了起因是有人冒犯了我们的尊严。我哥哥刚好是个身体健壮的人，这帮助我们赢得了尊重。我们很快就学会了英语，渐渐摆脱了懵懂，开始在学习上取得好成绩，首先是数学和物理，然后是地理和历史，最后是英语本身。

我在上文中谈到，我和兄弟们发现自己身处一个陌生而 20–21
带有敌意的环境里，有时候觉得很不自在。但在更深的层次上，我们理所当然地认为自己是归属于这所学校的——即便是澳大利亚的一所学校（这就是中式教育的成功）。我们深刻的归属感使我们在遇到敌视时也能泰然处之。对中国习俗和文明的攻击，与其说伤害了我们，不如说是激怒了我们，因为我们在这些方面并不自卑。然而，尽管我们沐浴在世界主义中，他们还是不幸地把一股沙文主义带进了我们的血液。我和兄弟们得出的结论是，像这些澳大利亚男孩那样大口喝牛奶、吃奶酪的人是野蛮人，就像我们在教科书上读到的长城外不开化的游牧民族一样。

我现在认为，这正是对中华文明的自信。但归根结底，这种自信难道不是源于阶级，源于享受特权的经历吗？直到最近，我才意识到，我是在享有特权的环境中长大的。马克思主义者可能会说："这种迟钝是资产阶级的典型表现。"但我得为自己辩护一下，哪怕理由还不够充分。在我仅能回忆起来的童年场景里，看到的是贫穷，所以不太符合我先前对特权的感受。在中国，我曾经的最后一个家几乎是一无所有。我们一家六口，住在一幢陈设简陋，只有三间屋的房子里。我们的衣服，无论母亲的还是孩子的，都是自己做的。的确，父亲的西装是定制的，但这是不得已而为之，因为他在外交部工作，有着装上的要求。我们几乎吃不饱饭。父亲偶尔会带回来一个苹果或香蕉，这就成了无上佳肴，切成小片供大家一起分享。但这些水果是他用美国朋友赠送的领带或手帕换来的。村里最富有的人是南开中学的校长。他太阔气了，居然有一台电冰箱！在漫长而潮湿的夏季，他会定期向邻居分发一盘盘的冰块。有一次，我出门看篮球比赛，校长把一盘子冰送到了我们家。父母想给我留一块。但等我回来的时候，只见一杯水中漂着一片薄薄的冰。我把它捞出来，尝了尝，被它的咸味吓了一跳。我父亲不知从哪听说的，往水里放盐可以延缓冰的融化。

食物既昂贵又稀缺，这让我们都营养不良。我弟弟好吃，食量大得异乎寻常。一天，父亲下班回家，弟弟以一个

6 岁孩子的严肃态度告诉他，从今以后，家里的钱只够一天吃两顿饭了。父亲非常苦恼，决定尽其所能让自己调到国外工作，由此可以养活一家人，即便要接受降职的损失。他的许多同事当时也想要逃往国外。1941 年，我们就这样来到 22
了澳大利亚。

随着时间的推移，我才认识到，即使在生活困难的环境下，阶级特权和微妙的心理激励也会让自己变得更强大。贫穷并不等于耻辱。在饱受战争蹂躏的中国，拒绝腐败的人都是穷人。但我当时没想明白的是，在那种情况下，我们家竟然还能雇佣两个仆人——他们都没有工资，有工资也不能定期发放，因为父亲的工资是不定期发放的。当时，我还应该多注意一下父亲和他朋友们的教育水平。当他们聚在一起聊天时——他们经常在客厅里聊天，屋里很快就充满了香烟的烟雾，或者在夏天繁星下的院子里聊天——话题就会天马行空地从政治跑到天文，又从元代的戏剧飞进罗素的逻辑学里。他们的中文里夹杂着英语、法语和德语。我怎能忘记这样一个明显的不合情理之事：当年，父母自己都食不果腹，却还能邀请尊贵的美国大使纳尔逊·詹森（Nelson Johnson）[1] 来共进晚餐？为了这件事，我们简陋的家被大动干戈地改造

1 纳尔逊·詹森（Nelson Johnson，1887—1954），美国外交家，1929 年至 1941 年任美国驻华大使。——译注

了一番。为了腾出一个本不存在的餐厅，父母把卧室里的家具都搬到了邻居的院子里，而我们这些孩子则愉快地被逐出了家门。在一个很少见到汽车的村庄里，大使的豪华轿车就像一艘来自外太空的闪闪发光的飞船，车上的挡泥板前飘扬着小小的美国国旗。

我常用“公民”“文明”“世界”“世界舞台”等词语来表达眼界、力量和上进心等意思。中国孩子在学校里受到的教育，推崇一种远远超越国界的知识扩张主义。这样，孩子们就属于一个世界性的心灵网络（即“关系”）了，任何一个孩子都可以相信他或她与牛顿这样的伟人有着十分亲近的关系。现在，我想就更具社会政治意义的扩张主义和关系来谈谈我的看法。

众所周知，社会阶层越高，其活动的时空范围就越大。在中国，中产阶级专业人士的家庭或士绅家庭都能够将自己的影响力传递出去，远远超出他们居住的村庄、城镇或城镇群。家庭的个性和历史，同当地、地区甚至整个国家的个性和历史都是融合在一起的。我的家也不例外。小时候，我听父亲讲先辈们的故事，却无意中听到了（尽管我不应该听到这些）他对上司、同事和同代人的闲言碎语。当时我并不知道，在这个过程里，我正在了解中国，了解现代世界——因
23 为中国在世界上正扮演着重要的角色。从家庭这种非正式的

教育和学校的正式教育中，我对国家和民族文化，甚至对世界和世界大事的认同，远远超过了对地方的认同——无论是在 3 岁就为逃避日军侵略而离开的出生地天津，还是我完全陌生的祖籍地安徽。

我这样把小家和国家联系起来，听起来像是狐假虎威。可能是吧。但如果真是如此，直到现在我才可以威风一下。在童年和青年时代，我不可能对家庭和国家之间的联系感到特别自豪，我觉得这是普遍现象——每个人都是如此——几乎我认识的每个人都是如此。美国如此成功地给我打上了一个种族的烙印，以至于我几乎忘记了自己的国族身份（中国的或美国的）和世界公民身份。几年前，我翻开一本名为《20 世纪的中国》(*The Chinese Century: A Photographic History of the Last Hundred years*)[1] 的书时，才意识到这种对“大我”的遗忘已经到了何种程度。它唤醒了我对近现代中国重大历史事件的记忆。[2] 我们家庭的故事——也是属于我本人的故事——在我的脑海里挥之不去。但当我看着照片和文字时，一种熟悉的感觉扑面而来，让我震惊。[3] 这是我的先叔祖段

1《20 世纪的中国》(*The Chinese Century: A Photographic History of the Last Hundred Years*)，作者是美国人史景迁（Jonathan D. Spence）和金安平（Annping Chin）夫妇。——译注

2 Jonathan D. Spence and Annping Chin, *The Chinese Century: A Photographic History of the Last Hundred Years* (New York: Random House, 1996).

3 我的记忆力不怎么样，靠着弟弟段三孚才能回忆起很多美好的家庭往事。

祺瑞穿着元帅服的照片。他 1912 年至 1914 年担任中华民国总理[1]，1924 年至 1926 年为中华民国临时执政。我小时候听过很多关于他的事，他庇佑着段氏全族。段氏一族起源于安徽，很久以前，大概是在唐朝，全族都聚居在一起，属于一个大家庭。后来，家族分裂，各奔一方。到了近代，有两个主要分支。一支居于银山（我们家），另一支居于合肥（段祺瑞属于这一支）；一支是穷人（我们家），另一支家财万贯。段祺瑞资助了我父亲上学，这产生了一个有趣的结果，我很快就会讲到。与此同时，这位大元帅的影子一路跟着我来到了美国。1956 年，我到印第安纳大学的第一次面试中，一位对我能否被录用有发言权的亚洲史教授惊呼道："你是中国总统的后裔啊！"要不是后来我想起了童年时的那些故事，我真以为他是在开玩笑。后来我得到了这份工作。

《20 世纪的中国》里还有一张照片，是 1940 年，汪精卫身穿燕尾服，向一名德国外交官敬酒。汪精卫是我母亲的一个远房表亲。这位亲戚做了什么呢？他就像法国的贝当（Pétain），是一个集民族先锋和叛徒于一身的人物。他在 1940 年至 1944 年担任汪伪政府主席兼行政院院长期间投靠了日本人。这可以算得上家丑。我记得听大人们谈起他时，

24

1 原文如此。据史实，段祺瑞于 1913 年两度代理国务总理，1916 年任政事堂国务卿，同年及 1917 年、1918 年亦担任过国务总理一职。——编注

既有疑虑，又有自豪。为什么会自豪？毕竟他也是当时的风云人物。他错误地以为，自己是爱国的，因为他认为只有通过与力量强大的日本帝国主义合作，中国才能得救。至于感到疑虑，是因为汪精卫最终被蒋介石领导的国民政府谴责为卖国贼。我父母作为中国国民党党员，试图与这位亲戚划清界限、断绝关系；但依旧不得不顾念他，因为彼此的关系太过于密切了。汪精卫在1935年担任国民政府的外交部长，我父亲也是在同一年加入外交部的。两者之间肯定有什么联系——所谓“关系”？这还不是全部，我母亲的哥哥曾在汪精卫手下担任过一段时间的外交部次长。

话题还得回到段祺瑞。《20世纪的中国》对他的评价并不高。很显然，他毕竟是一个军阀，只是比大多数军阀更成功而已。我愿意原谅他的错误，因为靠他的全程资助，我父亲才在南开中学完成学业。这一点很重要，因为我父亲在学校时最亲密的朋友是周恩来。除了友情之外，他们还是校刊的联合编辑。不用说，周恩来的照片在《20世纪的中国》里占据了大量篇幅，就像在任何一本关于近代中国和近代世界的书里一样。“周叔叔”（我们这群孩子都这样称呼他）和我父亲能成为亲密的朋友，这很让人吃惊，因为他出身富裕，而我父亲却出身贫寒。富家少年成了共产主义运动的领袖和毛泽东的亲密战友，而穷人家的孩子却成了蒋介石的忠实追随者，蒋介石终其一生都敌视共产主义。虽然两人的政治选择南辕北辙，但却友谊长存。

我想，有这样几个原因。首先，在 20 世纪 30 年代末，国民党和共产党在抗日战争中正式结为盟友。周恩来长期在战时的首都重庆工作，时常来我们家拜访。我还记得他和父亲在客厅里掰手腕——他的胳膊摔伤过，父亲正在检查这位朋友的胳膊是否恢复了力气。另一个原因是社会哲学上的相容。周恩来和我父亲都深切同情弱者，前者是基于理想主义，后者不仅基于理想主义，还出于作为穷孩子的经历。两人都主张人人平等。父亲非常钦佩苏联，周恩来当然也是如此，因为苏联拥护社会正义。我父亲在外交部担任交际科科长时，他的工作之一是护送新派驻的外国大使上山到国民政府主席官邸进行拜谒。时任主席是林森，他是一位出身高贵
25 的老绅士。除了步行，上山的唯一方式就是坐轿子，靠轿工们抬上去。大使们坐轿子是理所当然的事，我父亲和其他随行的中国官员也是如此。但是苏联大使却拒绝了。他坚持步行，这样，所有身材已经发福的中国官员们，包括我父亲，都不得不气喘吁吁地往上爬。结果呢？苏联大使便赢得了我父亲长久的钦佩。就在那时，我父亲决定学俄语。他还想把自己的新热情传递给孩子们。每天早上出门上班时，他都要求我们用俄语说再见。

毛泽东和周恩来在1949年携手催生了中华人民共和国，蒋介石带着他的势力偏安于台湾。从此以后，周恩来和我父亲就进入了针锋相对的阵营。虽然他们在台面上是敌人，私下里却保持着彼此的美好回忆。1956年，父亲代表台湾当局参加日内瓦国际劳工组织会议。一天晚上，在旅馆里，他刚要睡觉，就听到了敲门声。打开门一看，原来是他的弟弟作为周恩来的使者从天津远道而来。他的任务是劝说我父亲返回大陆，但他的任务失败了。多年以后，1973年，我的弟弟段三孚在人民大会堂见到了周恩来。他们谈了四个小时的家庭事务——这是一个相当暖心的迹象，表明中国社会可以偶尔把个人需求放在国家日常事务之前。周恩来又提到邀请父亲去大陆，说父亲既然已退休了，就可以以个人名义来访。

读者需要注意这两个友人的不平等地位。周恩来是中国的总理，一个世界性的人物，而我父亲却只是一个外交官，所在的所谓“国家”也逐渐失去了国际的承认。周恩来试图跨越政治敌对的界线来维持友谊，所有主动措施都是他采取的，因为他可以做到，他有话语权；但我父亲却不能，否则他的忠诚就会遭到怀疑，丢掉饭碗。我这样说，是想说明，虽然我的祖上家境贫寒，父亲在政坛的地位也很普通平常，但他和他的家人还是通过关系在更大的世界上找到了立足点。

我对世界大事的一些亲身接触是相当偶然的。其中两次发生在 1946 年。那年年初，父亲去菲律宾当中国总领事。母亲、妹妹和我后来跟随过去，而我的两个兄弟仍在澳大利
26 亚的寄宿学校上学。我目睹的一件大事是菲律宾在 7 月 4 日正式宣布独立。二战后，几乎每个月都会有报纸用头条宣布一个前殖民地的独立。独立庆典是一件大张旗鼓的事情：在早年间闪烁的电视屏幕上，人们可以看到修剪齐整的草坪上支起巨大的白色帐篷，高级官员戴着用羽毛装饰的头盔，女士们穿着飘逸的长裙，警卫和仆人们穿着整洁的制服。这是值得大书特书的历史。几乎所有的独立都是由欧洲列强认可的。奇怪的是，我参加的仪式是由美国认可的。在美国的支持下，独立仪式相当轻松。在露天体育场，几乎所有人都能找到靠近宣誓席的座位。尽管如此，一些基本的礼仪规范还是要遵循。因此，最后一个隆重入场的人是美国高级专员，前印第安纳州州长，我记得他叫保罗·麦克纳特（Paul McNutt）。这个人仍然是老大。但在仪式结束后，第一个离开的是新任总统曼努埃尔·罗哈斯（Manuel Roxas）[1]。

那年晚些时候，父亲被调到伦敦工作，所以我们又搬

---

1 我在威斯康星大学麦迪逊分校的朋友兼同事 E. 大卫·克罗农（E. David Cronon）1946 年是美国驻扎在马尼拉的一名军官，他也参加了独立典礼。当时我们可能擦肩而过，但直到 1983 年 11 月，我们才真正见面。当时他作为文理学院院长参加面试，而我正在那里谋求一个职位。

家了。那时候飞机很慢，到达英国前需要在几处经停过夜。第一站是加尔各答，第二站是卡拉奇，第三站是开罗，开罗是伦敦之前的最后一站。我们的飞机经过地中海时开始下 27
降。机长宣布我们将降落在马耳他岛，接下来三天将会由英国政府接待我们。出了什么事？原来，跟在我们后面的那架飞机出现了引擎故障。那些乘客要求交换飞机，我们得用他们的飞机。我一点也不觉得好笑。马耳他神话般的过去对一个无知的 15 岁少年没什么吸引力。在那个年纪，我对见证历史也没什么兴趣——因为霸占我们飞机的是印度总督韦弗尔勋爵（Lord Wavell）和后来的印度总理贾瓦哈拉尔·尼赫鲁（Jawaharlal Nehru），他们正前往伦敦，完成印度的独立。

跟着父亲意味着会有奇遇，但当时我不以为意。在一个孩子的眼里，马尼拉事件就像是看戏，而马耳他事件则是一种不便。直到很久以后，我才有了足够的世故，可以把它们当作谈话的开场白，或者别人提到相关人物的时候也随声附和。关系给我的事业带来的直接好处是后来才有的。我举两个例证。

第一件事是 1948 年我被牛津大学录取为本科生。没有一位家庭世交的帮助，我是不可能被录取的。这位世交是中国著名的剧作家，住在牛津大学，对校方颇有影响。要我承认自己没有走常规途径被录取确实有点尴尬。校方只是出于对我的华人背景的特殊考虑——在今天的美国被称为“平权行动”——才使我成为牛津大学的一员。为自己说句公道话，我确实像其他人一样参加并通过了入学考试，只有一门学科例外——古典文学。古典文学考的不是拉丁语就是希腊语，这两个我都不懂，而且任何速成课程都无法弥补我在这一领域的不足；更何况在这一领域，我的竞争对手是英国的学生。所以在我父亲的敦促下，上文提到的这位中国剧作家为我申诉，或者更确切地说，他是要维护中华文明的声望。他把固守传统壁垒的牛津大学给说服了，认为中国的文言文应该被视为合适的替代品。所以，在一个温暖的夏日，我在考试院翻译《论语》，而其他考生翻译《埃涅阿斯纪》(*Aeneid*)或《伊利亚特》(*Iliad*)。

十一年后的1959年，由于父亲的介入，我得到了另一个好处。我获得了美国海军研究局（U. S. Office of Naval Research）的资助，研究巴拿马的沿海地形。为什么是巴拿马？其中一个原因纯粹是科学上的：狭窄的巴拿马地峡为观察和比较两个海岸提供了一个独特的机会，这两个海岸有
28 着非常不同的海浪和潮汐状况。第二个原因是战略上的：在20世纪50年代，美国海军正在探索穿越巴拿马地峡的第二条水路的可能性，以防现有的这条水路在世界大战中丧失通行能力或主权归还巴拿马。第三个原因是，我得到了巴拿马

美国海军基地的帮助（包括地图和交通工具）。第四个原因是个人的。当时我的“护照”让我的旅行变得十分艰难，我想要研究的那些国家中，承认这本“护照”的越来越少，而距离成为一个美国公民，我还有很长的路要走。由于巴拿马当年承认的是台湾，并不是中华人民共和国，所以我的父亲作为台湾当局的代表，就很容易地为我获得了签证。同时，我住的地方是“大使馆”，这也为美国海军研究局省下了一笔钱。

一开始，我因为缺乏合适的交通工具，海岸研究的过程很不顺利。只有吉普车才能把我带到红树林覆盖的海岸附近。尽管我是为海军研究局工作，但基地的海军却拒绝借吉普车给我。父亲知道后，对我说：“让我看看能帮到些什么。”但我却不愿意接受他的帮助，因为我已经是个成年人了。但最终我还是接受了，因为吉普车是当务之需，况且我在巴拿马停留的时间很短。父亲打电话给海军基地的上尉，邀请他和一些军官到“大使馆”里赴宴。敬酒的时候，父亲叼着一根雪茄指着我，转过头和队长说：“我儿子为你工作，他现在需要一辆吉普车，能帮个忙吗？”“当然可以了，”上尉回答道，“明天就到管车的人那儿报到吧。”[1]第二天，管车

1 我曾在 “A Coastal Reconnaissance of Central Panama,” *California Geographer* 3 (1962): 77 一文中向父亲致谢。

的人收到了上司的消息，把吉普车交给了我，但又对我说："我这样做其实是不合规矩的，因为我必须详细说明你在基地的工作职责。"我紧张地等待着，他挠了挠头，在我的证件上写了"洗衣工"几个字。

于是每天早上我都开着吉普车，（假装）带上美国海军的脏衣服去海滩洗。当然，我没有洗过任何一件衣服。但是，当我写简历的时候，在我申请资助、奖励或荣誉的时候，我却常常想把"洗衣工"写进工作履历里。然而诚信结成的缰绳终究拉住了这种念头。现在来讲这个故事，是为了再次表明，某个阶层的人天生带有的自信，加上因拥有这样一位父亲而享有的特殊待遇，就使得种族歧视和偏见（比如"洗衣工"）在我的身上不会产生太大的伤害。但无论如何，发生歧视的情况并不多见。但当它们出现时，我都能把它们当作是民族志上的逸闻趣事和茶余饭后的谈资来对待。而在当下，它们还成了我写这本自传的素材。

29 我现在把这一章起名为"世界舞台和公共事件"，其实我原本想写成"中产阶级孩子在世界上的立足点"。在父亲庞大的人脉和影响力下，我接触了中国和其他地方发生的重大事件，接触了中国人和非中国人的个人魅力和权力，尽管时间很短暂。等我成年、变得独立，故事就完全不同了。我的世界缩小到了学术界的一个小角落里。尽管思想的视野不断扩大，但我认识的人只是那些在高度专业化的领域里取得世界级成就的人物。而在更大的领域里，他们都不是振臂一呼应者云集的人物，也不是经常在大众媒体上发表观点的舆论制造者或公共知识分子。但为了不至于太偏颇，也许我应该提到一些例外者，他们是某些社会定律的例证。

卡尔·奥尔特温·索尔（Carl Ortwin Sauer）也许是我个人认识的最著名的地理学家和学者。他的影响力远远超出了地理学的范畴，延伸到环保运动——甚至延伸到诗歌，因为他的写作风格深受查尔斯·奥尔森（Charles Olson）[1] 和其他黑山派诗人的赞赏。卡尔·索尔对自己的评价很高，这是他应得的，然而他曾经（在 20 世纪 50 年代某个时候）谦虚地说：刘易斯·芒福德（Lewis Mumford）[2] 在注脚里引用了他的文字，或许是对自己成就的最好的证明。在我年轻的时候，芒福德是文化界的一位巨擘，我毫无保留地钦佩他。1972 年，我斗胆把自己为美国地理学家协会（Association of American Geographers）撰写的专著《人与自然》（*Man and Nature*）一书寄给了他，以表敬意。我当然不指望得到任

1 查尔斯·奥尔森（Charles Olson，1910—1970），美国诗人，“黑山派”（Black Mountain）创始人。这个流派的诗强调创作过程，即诗人的能量通过诗歌传递给读者，诗中多运用美国的日常口语。——译注

2 刘易斯·芒福德（Lewis Mumford，1895—1990），美国社会哲学家，有很多建筑和城市规划方面的著作。——译注

何形式的回应。但一周后，从纽约寄来了一个包裹，是阿图尔·格利克森（Artur Glikson）[1]写的一本书，名为《规划的生态基础》(*The Ecological Basis of Planning*)，芒福德是编辑。他在致辞里写道："致段义孚：报以热忱的敬意，刘易斯·芒福德。"热忱的敬意？我差点从椅子上摔下来。不用说，这本书我一直保留着。

1975年，我在华盛顿参加了一个名为"儿童、自然和城市环境"的会议。在其中一个环节里，我，还有著名生物学家和作家保罗·谢泼德（Paul Shepard），是主要发言人。点评者是玛格丽特·米德（Margaret Mead）[2]，她同样是个举足轻重的人物。当年她正处于名声的顶峰期。她的名声不仅得自其研究，还源于她作为公共知识分子的角色，并在青年、教育和性等国家问题上发挥了重要的作用。谢泼德和我感到有些拘束，因为米德是出了名的直言不讳。当时发生了什么呢？她说我的论文"很有味道"。"很有味道！"这句话居然出自"西方世界的祖母"之口。[3]

---

1 阿图尔·格利克森（Artur Glikson，德文名 Arthur Glücksohn，1911—1966），德裔作家、建筑师、规划师，常年在以色列工作，对以色列的城市规划起了重要作用。——译注

2 玛格丽特·米德（Margaret Mead，1901—1978），美国人类学家。——译注

3 Margaret Mead, "Children, Culture, and Edith Cobb," in *Children, Nature and the Urban Environment: Proceedings of a Symposium Fair*, USDA Forest Service General Technical Report NE-30, 1977, p. 22. 明尼苏达大学的地理学家沃德·巴雷特（Ward Barrett）称玛格丽特·米德为"西方世界的祖母"，准确把握住了她对人们的意义。

我还能期待什么样的荣誉和鼓励呢？在人文地理学的小池塘里，这句话难道还不够让我变成一条大鱼吗？小池塘毕竟不是全世界，但即使是在这注小池塘里，在 20 世纪八九十年代，我的个头也没变大反而还萎缩了——在众多地理学家中，我变成了一条不起眼的小鱼，就算是奋力扑腾也搅不起多大的浪花。 30

然而，我不能就此止步，因为它给人一种歪曲的印象。我的确有过几次成功——获得了公众的认可。例如，每年 8 月我都会收到邀请，到芝加哥出席贝克街侦探小队（Baker Street Irregulars）[1] 美国分会的宴会。“福尔摩斯学”是一个研究领域，我很荣幸成为一个有价值的贡献者。这种荣誉仿佛是我的名字出现在了伦敦《星期日泰晤士报》(*Sunday Times*) 体育版的头条。其实我也确实曾经因为一位板球运动员而获得过这种殊荣。一位记者问他为什么选择在剑桥大学攻读地理专业，他的回答是，由于偶然发现了一本中国地理学家写的书，名叫《恋地情结》(*Topophilia*)，读过之后对地理学产生了兴趣。1987 年，我获得了美国地理学会（American Geographical Society）的库兰地理学奖章（Cullum

1 贝克街侦探小队（Baker Street Irregulars），柯南·道尔著名小说《福尔摩斯探案集》里虚构的组织，是一群听命于福尔摩斯的街头流浪孩童，他们在很多案件里起到了重要的侦查作用。此处指一个同名的福尔摩斯迷组织。——译注

Geographical Medal）。这是一项很高的荣誉，尤其让我高兴的是，这枚奖章的第一个获得者是北极探险家罗伯特·E. 皮尔里（Robert E. Peary）。在地理学科中，“人之所长”的概念发生了多么大的变化啊！从最初重视体力、技术能力、地理目标和奉献精神，到现在开始关注一个人能对价值、情感这类模糊的领域展开怎样的像文学和哲学一般的探索。

31 最后，我必须提一下，我曾经为哈斯金斯（Haskins）[1] 讲座作过一次演讲，题目是“致学一生”（A Life of Learning）。这是我 1998 年退休时，应美国学术社团理事会（American Council of Learned Societies）的邀请，在费城本杰明·富兰克林会议厅（Benjamin Franklin Hall）作的演讲。美国学术社团理事会可不是个小池塘。按照合理的类比，它就是“全世界”。那么，这可能也与我所谓的边缘化存在着一些联系吧。之所以边缘化，部分是出于自愿，部分是出于并非自愿的隔绝。当然，这里并不是想去否认曾努力邀请我的朋友们，和他们的付出，但我想说的是，这里面依然有很大的侥幸成功在其中。我们这些学者太容易忘记那些本无缘由的虚名了，就像我们太容易无视那些本无缘由的轻蔑一样。这些虚名之所以临到我们，只是因为各种因素不期而遇地凑在一起

1 哈斯金斯（Charles Homer Haskins，1870—1937），美国历史学家。——译注

罢了。

公共生活对我来讲从来都不是那么真实的，尤其是它的那些社会功能。母亲去世后，父亲坚持要我跟他一起主持酒会，我感到很厌烦。在鸡尾酒会上，在那些官方的晚宴和全国性的庆祝活动中，多国语言混杂的空洞谈话、礼貌掩饰下的玩弄权术、对地位的争夺，都令我深感诧异且无聊。但 32
我还是参加过一些公共活动，然后及时汇报给系主任，转而上报给院长。当我开始筹划这本自传时，我在想，或许多多少少会提一下这些活动和它们的成果，因为这些东西都是现成的。但实际上，它们却几乎没占什么篇幅，除了能提醒一下我自己曾在职业生涯的不同阶段里都思考过什么。参与公共活动，像演讲、会议，在不同城市的评估委员会里任职等等，都确实能反映出我个性的特定方面。但这些方面多半是肤浅的东西，别人不会感兴趣，连我自己都不感兴趣。相比之下，接下来的两章里，我会谈及一些私密和个人层面的事情。出乎意料的是，在谈这些事情的时候，我感到自己终于可以聊一些与人类相关的，能同大家共享的话题了，这些话题都超越了那个虚泛的自我。

第三章

我的个性：从父母到岩土

为了聊一聊更私密且个人化的故事，我会使用家庭相册作为蓝本，但也不会限于其中。家庭相册里通常有父母的照片，自己和兄弟姐妹童年时的照片，以及每个成长阶段按时间顺序排列起来的照片，像生日聚会、毕业典礼、婚礼、纪念日等等。这一章里讲述的东西就类似于家庭相册。先从父母开始，以大致的时间顺序介绍过去的重要“照片”。还有一个相似性在于，相册里的照片之间没有过渡，一本相册里也不可能有完整的家庭历史。因此，用它作为蓝本便可让我拥有很大的选择自由，并免去做那些繁重的填补空白的工作。此外，按照这个模式写出来的东西，最终读起来还很简明扼要。 33

但这个模式有一个严重的缺点，也就是，因为我讨厌家庭和社会上的那些仪式感，所以相册里绝大部分照片都缺乏自我意识。这些照片无法说明我是谁，恰恰相反，它们更多地隐藏了——至少是掩盖了——真正的自我；或者说，我的自我意识或许存在于照片之间的那些灰色的空当里。虽然我可以承认，在其中使用精神分析的方法可以挖掘出一些重要的经验和事件，但我宁愿不去这样做，因为我没有这样的技术能力。但更重要的原因在于，还有另一种方法，是诗人所喜欢的方法，它的揭示能力更强，也更符合我的性格。那么，这种方法是否会被它所揭示出来的真理证明是正确的？

或者，仅仅是出于懒惰和懈怠，我才采用这样的方法？不妨来做个实验吧，这本自传将给出答案。

34 这两种方法在哲学上的根本区别在于，精神分析学家必须努力挖掘和渴求事物背后的意象，而这些意象越阴暗、越怪异才显得越“真实”，而诗人则不会如此去挖掘。诗人会等待事物背后的意象慢慢浮现出来，在自己的意识中突然留下一个印记；这些意象，与精神分析所寻求的相反，通常是——或通常看起来是——生活中的点滴平凡。那么问题来了，为什么这些意象，这些司空见惯的东西，会慢慢浮现出来呢？就如同 T. S. 艾略特（T. S. Eliot）[1] 所说的：“我们所有人，在一生中所听到、看到、感觉到的一切（一只鸟鸣、一条鱼跃，一位老妪行走在山路上），为什么会富含感情地重现出来，而其他东西没有？”[2] 这些生动的意象（不仅是视觉上的）意味着什么？它们是不是揭示了一个生命——一个自我？

有一个事实我是不怎么愿意接受的，那就是，我是父母生养的。因为生命这样开始，不仅显得平淡无奇，而且太一成不变了。同时，这也太强调基因和早期环境在人类个体成长中的作用了。但是，父母的影响又无处不在、融入血

---

1 T. S. 艾略特（Thomas Stearns Eliot，1888—1965），英国文学家。——译注

2 T. S. Eliot, *The Use of Poetry and the Use of Criticism* (London: Faber and Faber, 1948), p. 148.

脉。身体的外形和结构提醒着我，自己终归是父母塑造的。 35
尽管我和尼古拉斯·别尔嘉耶夫（Nicholas Berdyaev）[1]一样不喜欢家族成员长相上的相似性，但每次照镜子时，都不得不面对一个问题：到了一定年龄，我的眉眼开始长得像母亲，之后，又长得越来越像父亲了。幸运的是，在心理特征上，我还是更像我自己一些，不过也同样能看到与父母的相似之处，特别是我性格里的那些弱点。

我和母亲的关系比同父亲的要亲密得多。然而，萦绕在脑海中的记忆，却大多与父亲有关。这些记忆，要么不快乐，要么针锋相对。也许这就能说明：幸福不等于狂喜，幸福常常是平淡的，是不留痕迹的。

我父亲是一位尽职尽责的家长，他的行为举止遵从他在美国学到的理念，所以不想再沿袭爷爷身上那种冷静严厉的态度了，因为那是旧中国推崇的父权姿态。我对自己的父亲是钦佩和尊敬的，因为他确实尽其所能了。作为一个儿子，还能要求什么呢？我倒是宁愿他别那么努力就好了，但这似乎又有点不近情理或不太符合孝道。但是有时候，求少反而得多。传统的中国父亲经常违背自己的天性，明明心花怒放却故意不动声色，明明想抱抱孩子却故意摆出一副父亲

1 尼古拉斯·别尔嘉耶夫（Nicholas Berdyaev，1874—1948），俄国哲学家。——译注

架子，而我理想中的父亲绝不会是这样。在我看来，我父亲对我们的关心更多的是出于对原则的坚持，而不是出于感情的自然流露。我们生病时，他给我们买玩具。在他的知识里，这是一件应该做的事。作为一个孩子，我当然很喜欢这些玩具，它们让我暂时忘却病痛。与此同时，我每天躺在床上，画笔盒和小卡车越堆越高，我也感到压力越来越大，必须尽快恢复，回到属于我的地方——学校。我希望大人们来确认我是不是仍然在病中，我需要他们这样做，但是他们从来没有过，因为他们是真正关心我的人，不会怀疑我是装病逃学。

另有一段记忆，我想抹去却抹不掉。在我们十几岁的时候，有一天，我和我的兄弟们躺在床上看漫画，直到上午九点多还没起床。我们都觉得这种放纵应该是可以原谅的。也可能是因为我们成长得飞快，需要额外的休息。就像最近的研究表明的，青少年每天需要大约 10 个小时的睡眠。我父亲当年肯定不可能知道这回事。但即便他知道了，我相信，他还是不能原谅这样的所作所为。那天，他时不时地来到我们的卧室里，冲着我们横眉瞪眼，而且每来一次，他都会变得更加恼怒。最后，他干脆站在门口，把指关节掰得咔咔作响。那一刻，最令我不安的是他那张充满厌恶神情的脸。我这一辈子都没有过自己的孩子。如果有的话，我可以想象到一种场景，即自己愤怒地看着他们——但会有厌恶之情吗？

我父亲很少设身处地为别人着想。他天生就比较率性 36
而为，自己的需求总是放在第一位。比方说，他自己起床更衣了，开始准备一天的工作和娱乐了，却总是不明白为什么孩子们会赖床不起。再举一个十年后的例子，哪怕这会显得我把一些鸡零狗碎的事都还记着。成年以后，我去探访父亲在国外做外交官时的官邸。那时候，母亲已经去世了，父亲坚持要我和他同住在“大使馆”的一间卧室里。让我无法忘怀的一个小细节就是，每当他要上厕所或看表时，总是会“啪”的一声打开天花板上的灯。而他从来都没有意识到，其实完全不必大费周章就能做这两件小事的，况且这样做，还会把身边的儿子惊醒。

我后来意识到，其实并不是所有的父亲都如此无视孩子的个性和需求。威斯康星州一位做父亲的朋友就不是这样。1992 年，那位朋友飞到东海岸为他父亲庆祝 80 岁生日，偕同自己 15 岁的儿子一起前往。在朋友父亲的家里，很多地方都放着闹钟，定的时间都在早上七点，每每那一刻，所有的闹钟都会一齐响。朋友告诉我，他自己是如何疯狂地穿梭于每个房间，试图找到每一个闹钟，在铃声响起之前关掉它们，因为儿子需要多睡一会儿。看看人家这爸爸是怎么当的！我羡慕地听着。我很羡慕他的儿子，但更羡慕他，因为十年或二十年后，等儿子长大以后，怎能不以感激和爱戴来回应呢，即使他儿子现在还小。

当你走进一个房间，看到别人的脸上都真心实意地洋溢着欢迎你的笑容，便是生活里最大的幸福之一。在童年时期，这样的幸福主要来自父母。他们温暖的微笑让孩子们感到被需要，给孩子们信心和力量来应对外界的冷漠和敌意。我们住在悉尼的时候，妈妈会时不时带我们去买些东西来填满我们在学校里的衣柜。我们坐有轨电车去市中心。这种出行是一种享受，因为我们总是在某个地方停下来喝下午茶，吃蛋糕。一天结束时，我们带着大包小包来到父亲的办公室，想搭便车回家。父亲看到我们的时候笑过吗？他一定笑过。可是——该死的记忆力！——我只能回忆起他心不在焉的神情，甚至是恼怒的样子。

我现在明白为什么了。父亲在悉尼的工作不容易。作为首席领事官，他不仅要处理因为身处异国而变得纷繁琐碎的办公室政治，还要应付形形色色的同胞——华工、水手、店员、大小商贾——带来的大量棘手问题。他从来都没有真正把领事工作放在心上，因为他原本的愿望是能在一个文明
37 的、多语言的环境下进行高等级的外交工作。他没法忘记，为了家庭，他不得不接受一次大幅度的降职。只有牺牲了自

己的事业，他才得以把家人从衣食不足的中国带到了丰饶的澳大利亚。不过，我们在他办公室的会面其实可以更亲密一些。我父亲可能已经积聚了足够的热情来应对孩子们的天真烂漫。我知道这是可能的，因为我最近在马尔科姆·马格里奇（Malcolm Muggeridge）[1]的传记中读到了一个例子。也许拿我的父亲和马格里奇的父亲作比较是不公平的，因为他们的处境和责任都大不相同。但哪怕是不公平我也来比一下。马格里奇成年以后，经常去伦敦和他的父亲待上一段时间。他会径直走进父亲的办公室里。很久以后，他描述办公室里的情景时说道："当他看到我时，脸上总是容光焕发，……他的外貌，会突然从空洞、萎缩一下子变得天真热情起来。他敏捷地从凳子上跳起来，兴高采烈地向同事们挥挥手……然后，我和父亲就像逃跑似的离开了办公室。"[2]

当然，我和父亲在一起的回忆里也有美好的部分。最早的回忆是在大约 7 岁那年，我在泥里丢了鞋子，他背着我穿过小镇去买一双新鞋，当时就我们两个人。还有我上文里写过的，他逞能地想为我留下一块冰，但却没有成功。还有一件事是后来发生的，当时我 15 岁，在马尼拉的拉萨尔学

1 马尔科姆·马格里奇（Malcolm Muggeridge，1903—1990），英国演员、剧作家。——译注

2 Gregory Wolfe, *Malcolm Muggeridge: A Biography* (Grand Rapids, Mich.: Eerdmans, 1997), p. 24.

院（La Salle College，一所美国人办的天主教学校）上学。那里的课程，尤其是数学，给我带来了很大困扰。在一个蚊虫猖獗的炎热夜晚，我绞尽脑汁，都没能解决一个二项式定理的问题。父亲试了试，他也无能为力。我沮丧地哭了，深感自己能力不够。我原以为他会生气，但他非但没有，反而和我一样感到羞愧，并发愿要给我找个家教。

然而，不幸的是，我对父亲最深刻的记忆，却是童年的一场噩梦。当时我大概八九岁。就像之前提到过的，那些年，我们一家都住在重庆郊外的一个村子里。我和兄弟们习惯沿着一条绿树成荫的道路步行到公共汽车站去接父亲下班。在我脑海里，那是一个快乐的时刻。我们年纪都还小，即使是从城里开来的笨重的公共汽车，看着也挺新鲜。当人们从公共汽车里出来时，我们搜寻着父亲——他就在那儿！我们冲上去迎接他。但是，在我的噩梦里，我却是独自走在绿树成荫的路上。天快黑了，浓雾涌上来。我感到忐忑不安，因为熟悉的风景开始变得陌生起来。就在那一刻，我远远地望见了父亲，他向我走过来。看来今天的汽车到早了，我便跑过去迎接他。但是，父亲却是时隐时现的，因为周围雾气在翻滚。每次我看见他时，他都会离我更近一些，变得
38 更大一些……但最后他又消失了。突然之间，他又出现在了我面前。我感到如释重负（因为我之前感到非常害怕）。我

张开双臂想拥抱他……怎么回事？一个幽灵却站在了我面前，可以看出，那是我的父亲，但他身上却披着一件丧服。这具幽灵在不断变化的气流中移动着，没有重量。那是一个恶鬼，一具尸体，空洞的眼睛里泛着黄色的光。

有时候，小孩子会做噩梦，惊醒后，浑身是汗，不敢再睡。但随着白昼的到来，这种恐惧感就会像从未存在过一样消失掉。在夜里，我的经历就是这样，那个噩梦一直挥之不去。当然，我会顺利地度过第二天上学的时光，但随着夜晚的降临，我又开始感到焦虑了。入夜后，家人都很喜欢的一位表姐来我家，我把这个噩梦告诉了她。有人可能会觉得，把故事讲给别人听，会让自己感到心安一些吧。但事实恰恰相反，恐惧感恰又重新袭来了。即便是现在，当我讲述六十年前的这个噩梦时，仍能感到空气里飘着一丝寒意。

1980 年，我父亲在台北去世。他在重症监护室待了两周，在那期间，我本可以像另外两个兄弟那样，飞过去看望他。他活着的时候，我常常渴望他的陪伴，常常去他的驻外岗位上探望他。但当他躺在那里奄奄一息的时候，我选择不去看他。这种令人震惊的不孝行为肯定是有原因的。其中有些原因我当时还无法理解，现在也无法理解。不过，有两个原因我是知道的。其中一个原因在于中国人在葬礼上对待死亡的态度让我感到厌恶。这样的厌恶可能源于小时候看到的村里面恐怖的白事——人们居然用一只公鸡来预防诈尸。这种旧时代的迷信，我是不能忍受的，也不能忍受那种歪曲了感情的尽孝仪式。第二个原因在于我对父亲的矛盾情感，这一点，我在前面已经讲得够多了。中式葬礼的陈腐气息在我看来，是对中华文明的严厉控诉，再加上我对父亲的矛盾情感，那么，在肉体上和精神上，我都无法承受。

我当然也爱自己的母亲，但所求也多。当我还小的时候，对母爱的索取就特别多，因为我很早就知道，想要得到父爱，指望不大。父亲早就说过自己更喜欢长子和三子。重视长子是中国的传统，至于对三子的偏爱，好吧，因为父亲自己就是家里的老三，这个理由也算说得过去。而次子——我，运气则不太好。比我更糟糕的是妹妹。我妹妹是家里
39 最小的孩子，如果生在一个美国家庭，大概会受尽父母的宠爱；但她只得到了中规中矩的照料，虽然由于我父亲严格秉持原则，她不至于受到虐待，但有时候也仅仅就是能按捺得住脾气不至于爆发而已。

小时候，我觉得母亲好像对待每个孩子都很公平，所以便努力想成为她最爱的那一个。直到成年以后，我翻看家庭相册，才忽然意识到当年自己是多么渴望一直偎依在她身边，把最年幼、最有权利待在母亲怀抱里的那个弟弟排挤到一边儿去。我早年最鲜活的一则记忆，是妈妈画的一辆汽

车。直到现在，那辆汽车都还能活灵活现地浮现在脑海里。它的形状四四方方，前面有两个锥形的灯，大轮子的上方是拱起来的半月形挡泥板。大约 4 岁那年，母亲是怎样一个人，已经在我心里刻下了难以磨灭的印象，但其中并不包含艺术方面的造诣。我问妈妈，这幅画是用来干什么的，她回答说，是用来逗弟弟开心的。那一刻，弟弟正在睡午觉。

我母亲在育龄期间患有轻度肺结核，所以她没有亲自照料我们。当时中国的习俗是家里的女主人要把基本的养育劳动交给别人来做。父亲由于受西方价值观的影响，就反对这种做法，因为这意味着一位农村妇女要舍弃自己的新生儿（基本上都是女孩）去抚养别人家的孩子。尽管如此，父亲 40
还是雇了奶妈，到头来，在我们人生最初的时光里，亲密的接触几乎都来自一位陌生人。奶妈会承担起大部分的育儿工作，她不仅给我喂奶，擦鼻子，骂我淘气，还在我蹒跚学步时鼓励我学习汉字（尽管她自己不识字）。结果，母亲反而变成了一个疏远、高贵、有魅力的人物，身上总是散发着一股芳香，不像奶妈那样。

7 岁那年，我看到了母亲不为人知的一面——当孩子们需要她时，她的温柔可以无微不至；而当有外部威胁入侵时，她的强悍坚韧又令人吃惊。为了让读者更好地了解这些品质，我就不妨展开来讲一讲吧，讲述一下当年我们躲避日军的故事。那些年，我们过着四处奔波的日子，在这个城市里待一年，又在那个城市里躲两年，但是，日军迟早会追上我们的。最后一次重大的逃亡是去到了中国最后一个后方重镇——重庆。我们前后进行了两次蛙跳式逃亡，一次是从上海到海防（河内旁边的港口城市），另一次是从河内到昆明，再从昆明到重庆。

1938年夏天，我父亲和其他外交部人员离开南京，前
41 往战时陪都重庆。我们作为家人也一同前往。这是母亲第一次独自照料四个年幼的孩子。我们挤进了一辆破旧的公共汽车，走的是著名的滇缅公路。[1]这条路仓促地修建在世界上最崎岖的地形上，为饥困交加的中国开辟了一条狭窄的生命线。这条公路有数不清的急转弯，也鲜有什么护栏，仅有的护栏，也是歪歪斜斜、断断续续的。到处是坑坑洼洼、起起伏伏的路面。我们的车队常常不得不等待好几个小时，一整天，甚至好些天。有时候，烟雨蒙蒙又大雾笼罩，交通事故层出不穷。不时传来前方车辆坠入悬崖的消息，或者两辆车撞到了一块儿。更有时候，幸存者裹着血渍斑斑的绷带，和一具具尸体，横七竖八地挤在道路两旁，让车队的行驶越发

1 原文如此。滇缅公路东端止于昆明，从河内到重庆途经昆明但不走滇缅公路。此处应该是指昆明至重庆的公路，与滇缅公路相通，但国外对此多有误会，以为此段路也属于滇缅公路。——译注

艰难。有一日——我很清楚地记得——我们的车开在盘山路上，淅淅沥沥的小雨和弥漫的雾气阻挡了司机的视线。但就在这一刻，挡风玻璃的雨刷也罢了工。忽然之间，车里的一个婴儿号啕大哭起来。司机（我们称呼他“工程师”，像是一个有威望的头衔）把车停了下来，大吼道：“把这孩子给我扔出去！不然咱们谁都活不成！”于是，乘客们开始恳求司机，又手递手地把孩子传到车厢后面，用衣服和毯子捂住他的哭声。这似乎能让婴儿保持安静，平抚司机的焦躁。

我们这班孩子起初是把这场逃亡当成儿戏。几天下来，我们无可奈何地忍受着长时间的烦闷无聊和性命之虞，情绪也发生了变化，越来越急躁，越来越不安。车里的妈妈们开始想尽办法分散孩子们的注意力，免得他们惹恼了脾气越来越暴躁、性子越来越专横的司机。当时，更恼火的是，我患有一种皮肤病，发病时疼痛不已，可能是营养不良造成的。每隔一段时间，我的全身就会出疹子，不过几小时就会变成珍珠色的水泡。母亲用针把它们挑破，涂上药膏，最后，我几乎整个身体都包在了纱布里，极度痛苦，焦躁不堪地呜咽，还不断地要求这、要求那。但是，也正是在这条滇缅公路上，我体会到了母亲身上不为自己所知的品质——无限的温柔和耐心。

最后，我们终于挨到了重庆的郊区。透过窗外的黑暗

和雨幕，我们可以看到远处闪烁的城市灯光。还剩一座桥要过。后来我们才知道，父亲就在桥那头等着我们。接着传来
42 了坏消息，我们的公共汽车太重，过不了桥。在这之前，洪水泛滥，桥已经被冲得摇摇欲坠了，但每次快修好的时候，又都被不顾一切、匆匆过桥的小轿车给轧坏了。这样，我们不得不再一次等待。但又要等多久呢？最后，我们索性决定步行过去。妈妈帮我们穿好衣服、带好东西。车外，从城里涌来的搬运工都聚集在了车辆周围，争抢着生意，扛着行李。这是一个混乱不堪的噩梦。迷失了方向的男男女女、号啕大哭的孩子、高声喧嚷的搬运工、四处散落的箱子和包裹……我一踏到路面上，两只鞋就陷到了泥泞里，最后都给弄丢了，腿上裹的纱布也松开了。我淋成了落汤鸡，一步都不肯往前迈了。妈妈当时正抱着妹妹，就没法再来抱我。哥哥 8 岁[1]，身体强壮，非常独立，但弟弟显然也跟我一样需要照顾。就在那一刻，我惊讶地看到，母亲走过去抓住一名搬运工的胳膊，命令他立刻放下扛着的箱子来背我。她的语气是那样坚决，甚至像是不可抗拒的命令。那个搬运工立即听了她的话，放下了箱子。谁知道那口箱子里装的是什么？是丝绸还是毛皮？（它好像属于一个有钱人。）反正，箱子被搁

1 段岱孚生于 1929 年 10 月，所以 1938 年夏天是 8 岁。——译注

下了，我则高高骑在了搬运工的肩膀上。

在我十几岁的时候，对母亲的情感不仅是爱了，而开始有了越来越多的保护欲。说到保护，我可能只是扮演了一个儿子应该扮演的角色。我知道，母亲并不需要我的帮助和保护，因为她自己就很独立，甚至有时候还会令人生畏。然而，她给我的总体感觉是脆弱的。在我看来，她不谙世故，尽管她尽职尽责地参与了我父亲的外交和政治活动。她不像父亲那样喜欢公共场合，更喜欢远离聚光灯，热爱生活里那些简单素朴的事情，比如给孩子买衣服和鞋子，买下午茶（这是她在西化的上海生活时养成的习惯，后来到了澳大利亚、英国和法国时，她都一贯如此），买圣诞树和装饰品之类。尽管我家还不太习惯庆祝圣诞节，但她却把这个节日变成了我们的习惯，因为这个节日里温暖快乐的气氛是她喜欢的。她所做的一切事情、所买的一切东西都不是为了炫耀，包括那棵只有一米五高的圣诞树。

几年后，也就是1956年，我父亲被任命为驻巴拿马“大使”。老两口决定在上任前来美国看望我和兄弟们。我当时正在印第安纳大学做我平生第一份工作。我花了300美元从一位同事那里买了一辆旧车，开着它去纽约见父母。我们一家住进了曼哈顿的一间旅馆。父母的房间里有一个小厨房。夜深了，在一番谈笑风生之后，大家肚子都饿了，母亲

43 就给我们煮面条。我们大家都洋溢着幸福，是一种天真烂漫的幸福，这样的感受之前还从未有过。之后，父亲很快就去巴拿马任职了。但母亲却决定在美国加利福尼亚州多待一段时日，我弟弟段三孚正在那里攻读博士学位；我也一样在读书，在印第安纳州工作的期间，还没有拿到博士学位。这样，我们开着那辆旧车去了加利福尼亚州。在西行的漫长旅途中，新鲜的经历让母亲感到十分欣喜，这种情绪在我看来就像个孩子一般。她唯一的抱怨是持续的背痛，她将这归因于长时间的坐车。后来才知道，背痛是胰腺癌的早期症状，几个月后她就因癌症离世了。

我们在加利福尼亚州的临时住所是伯克利山（Berkeley Hills）上面的一栋漂亮房子。妈妈很喜欢那栋房子，但却不敢一个人待在那儿。所以她会每天从山上下来，到我们的校园里闲逛、购物，或坐在长椅上观赏周围忙忙碌碌的学生生活，享受阳光晒在桉树上散发出来的香味。她还说，当年在澳大利亚结识了一个美国朋友——也是我同学的妈妈——身上就带着这种香味。一天夜里，很晚了，我要返回学校的制图室去绘制地图。母亲也陪同我一起来了。我当时的想法是，我工作的地点是在詹尼尼大厅（Giannini Hall）附近，弟弟可以来大厅旁的停车场接母亲，开车带她回家。我们先在停车场里等了一会儿，母亲劝我先去干活，她可以自己等弟弟。三个小时后，我回到停车场，打开车门，发现妈妈竟然蜷缩在副驾驶座上睡着了。可能是弟弟没理解我的意思，所以他根本就没有来。我很惊讶，因为即便是 20 世纪 50 年代，天黑后的校园里也可能有危险。但母亲似乎并不介意什么危险，或者说，她只要能见到自己的儿子就心满意足、抛却烦恼了。其实，她的烦恼不会是因为现实中的威胁，因为她始终觉得有熟悉的人陪在身边。刚才，我待在离她几步远的一栋大楼里工作，这就足以让她感到安慰了，虽然大楼的门在夜里都上锁，她无法来到我身边。

这次经历使我深刻地意识到，我们母子俩的角色已经互换了，现在应该由我们这些 20 多岁的孩子们来保护和照顾母亲了。她当年只有 55 岁，但是，疾病却不断消耗着她的精力和自信。而且，我们谁都不知道她到底病得有多严重。后背不那么疼痛时，她便重新焕发出活力，充满着快乐。她在我们房子的门廊下打乒乓球，在漂亮的美式厨房里尝试新颖的烹调，到沙特克大道（Shattuck Avenue）参加家庭聚会，喝茶吃蛋糕，总之，她会做那些自己热爱的事情。而其他时候，她会有些心烦意乱，显得不知所措、担忧害怕。日子就这样一天天过去了。

9 月临近，我和母亲都变得惴惴不安，但我们彼此都把这样的不安埋在了心底。再过不久，我就要回印第安纳州上

44 班了。分别的一天终于到来了。我和母亲都起得很早。我们先到城里悠闲地吃了一顿早餐，这似乎是母亲发明的拖延战术。直到最后，我不得不说，我要走了。但是，母亲立刻又想到了另一个计策，她坚持要我带一些加利福尼亚州产的橙子，在我长途开车的时候可以解解渴。于是，我陪她一起去了超市。我同弟弟妹妹都在收银台旁等着她，而她则沿着过道故意慢条斯理地挑选着橙子，最后，她抱着一大口袋向我们走来。我们来到汽车旁，打开车门，我把橙子放进车里，转身对母亲说再见，她立刻紧紧拥抱了我，掉下了眼泪。平日，她很少拥抱我，因为中国人没有这样的习惯。

之后，母亲去巴拿马和父亲相会。再过不久，她住院了。医生说她患的是癌症，父亲立刻买了张机票把母亲送到曼哈顿哥伦比亚长老会医疗中心（Columbia-Presbyterian Medical Center）治疗。探查性手术表明癌症已经是晚期，无法切除或治愈。手术结束后不久，母亲恢复了意识，望着围在床边的家人。我们大家都报以微笑安慰她，但她却立刻把这种微笑当成了好消息，以为自己会康复如初。我们谁也不忍心告诉她实情。我们好像一天天无助地等待着什么，只见她一天天衰弱下去。在我看来，医院的候诊室俨然是一个超现实主义的场所，那里的谈话声、脚步声纷纷扰扰，但又显得毫无意义；墙壁上的光和影，随着太阳的起起落落而来来去去。面色苍白的病人瘫坐在软椅上。椅子的样式仿似度假村里的躺椅，透露出不合时宜的轻松来。我的身体像灌满了铅一般沉重，我每天都把它从一个地方拖到另一个地方。但我的头脑却变得飘忽不定，因为疲惫和绝望使它空虚起来。一天，大约凌晨三点钟，我们大伙儿还都在半梦半醒之间，一个护士跑过来说，我母亲快不行了，要不要见她最后一面。我拼命挣扎着从椅子上爬起来，简单理了理皱巴巴的外套，那上面的扣子少了一个，我便俯身往坐垫和椅子下面找，还怀疑它是不是滚进了暖气片里。我真是太蠢了。

在我的相册里，还珍藏着亲戚和朋友们的照片。现在，我就来聊一聊其中一个朋友。友谊必须满足两个基本条件，一是志同道合，另一个是惺惺相惜。在理想的友谊中，这两个条件应该在某种程度上保持平衡，因为如果过度倾向于共同的兴趣和利益，这两个人就更像是同事而非朋友；反之，他们可能更像是恋人，会盯着对方的眼睛而不是世界。我不想冒险坠入爱河，原因将在下一章写明。因此，我的友谊建 45
立在志同道合之上。但这也有风险，因为，如果共同的兴趣和利益是人类的本性，那么朋友之间的相互同情和嫌恶就可能（我甚至可以说，必然）要发生。没有这种纠葛，他们共同的追求只能是肤浅的。有了这种纠葛之后，比如说长时间地用语言来交流感情，或者交流私人的和客观的心路历程，那么，朋友之间的情感温度几乎肯定会上升。如果不想走这条路，避开它的不便和危险，那么朋友们可以专注于无机世界，即自然地理；或者以一种冷静的、类似于统计学的方式专注于人类世界。

我意识到上面这段话听起来很冷酷，似乎生活和情感是一种诱惑，需要与之保持安全距离。确实冷酷，但并不像人们想象的那么残忍，因为追求知识的过程本身也是充满激情的，倘若有一位同样充满热情的好友来陪伴，这种激情还会升温。

那么我就来说说我和大卫·哈里斯（David Harris）在1954年到1963年间的友谊故事。1954年的冬天，我在亚利桑那州的东南部为博士论文做实地调查，研究一种叫做山麓侵蚀面（pediment）的荒漠地形。我把我的“基地”设在图森市（Tucson）的一间破旧公寓里。我从那出发到野外，露宿了三五天。我很享受在野外的时光。这里半干旱的景色非常美丽，温度恰到好处——白天温暖，日落后凉爽。我的快乐很大程度上要归功于我在山麓侵蚀面的研究上取得的迅速进展。我知道该绘制什么地图，该寻找什么样的证据。我会停下来休息，那时候筋疲力尽，再也做不动了。我会在烤炉上用罐头食品做晚饭。我把一辆1940年产的福特双座汽车改装成了一张床，在方向盘旁边放了一个橙色的板条箱，然后把椅背打开，露出一个通到后备箱的洞。这样，我就可以平躺在汽车里，头靠在板条箱上，后背撑在座位上，双腿插在后备箱里。我在后视镜上挂了一盏灯，这样就能躺在这张临时床上看书。很快，书页上的字变得模糊，我就睡着了。

这是一个不错的方案，只有两件事让人恼火。第一，我的汽车没有在荒漠崎岖地形上行驶的装备，动不动就陷进沙子里。我的身体既不强壮，也不灵巧，解决起这些问题来，从来都是信心不足。如果时间一小时接一小时地流逝，
车子还是弄不出来，我会越来越沮丧、恐惧、手足无措。第 46
二，我常常不知道在一天结束时，该如何打发时间。晚饭后，太阳还没落山，这时候，我还睡不着，但又太累而做不了任何事，甚至连书都读不进去。

自从英国学生大卫·哈里斯加入之后，情况都改变了。他靠着“乔治五世奖学金”（George V Fellowship）从牛津大学来到伯克利大学。在牛津，我们错过了对方，因为他去的时候我已经到加利福尼亚州了。在伯克利，我们又错过了对方，他是在我出发去亚利桑那荒漠之后到达的。我们人生地不熟，但有许多共同经历和学术兴趣。我们的关系立刻变得融洽起来。在野外，我的小车一次又一次地陷进沙子里，轮子空转着。我没有像过去那样感到挫折和绝望，而是惊讶地

发现自己实际上很享受救援汽车这项挑战。大卫的出现让情况大为改观，他的务实精神安慰着我，而他的乐观态度也令我开心。最重要的是他的耐心和毅力，这些品质又是我特别缺乏的，因此，我非常钦佩他。

47 有这样一件事。在大卫来之前，我去到亚利桑那州东南部一个偏远的地区，进行了一次漫长的旅行。我在野外徒步了好几个小时，在沟壑和巨石间攀上爬下，最后来到一个扶手椅形状的基岩面，这是证明山麓侵蚀面的一个很有说服力的案例。我在地图上标记了它的外缘，并由断层线来界定；还拍了很多照片，这些照片为我的论文提供了可见的证据，说明它是如何形成的。

大约一周后，大卫来了。我们驱车返回荒漠，待在唯一的一片树荫底下吃午饭。我突然想起，应该把上次外出拍完了照的胶卷换掉，那些照片都很重要，再重新装上一卷新的胶卷，好为下一阶段的工作做准备。但那一刻，照相机的旋钮转不动了，胶卷卡壳了。所以，我得打开照相机才能把它取出来，但这么做的话，就需要一个完全黑暗的地方才行。而在这片明亮的风景中，唯一完全黑暗的地方就是睡袋里。于是，我钻进睡袋，拉上拉链以防止光线忽然穿透进来，并尝试着把胶卷取出来。时间过去了一分钟，两分钟……五分钟。我觉得，时间似乎静止了，满头大汗，喘不过气来。最后，我钻出睡袋，依然没有成功。我开始痛哭流涕，对大卫说，我不得不重新回到那个侵蚀面去，再拍一次。但是，大卫却说，他来试一下，于是钻进了我的睡袋。一分钟，两分钟……五分钟过去了。那张睡袋活像一条大蟒蛇，吞下了一只愤愤不平的兔子，不断扭曲着。我大声喊着，大卫快出来。他要么是没听见，要么就是不理会我。六分钟，七分钟……十分钟过去了！“大卫，看在上帝的分上，在你憋死之前出来吧！”最后，他得意扬扬地出来了，手里握着好容易才解救出来的胶卷。我满怀钦佩地对他说道：“我现在知道大英帝国是如何成功的了。”

又有一日，我们待在一起，绘制了好几个小时的地图后，便放下了手中的活儿，在一个巨大的冲积扇的顶部搭起了帐篷。从那个方位，我们可以眺望绵延数英里的荒漠，寥无人烟。接下来，我们就要准备晚上的野营了。我想，所谓的“野营”，并不是什么难理解的词吧。简单说来就是，我会待在车子里一觉睡到天亮，就像往常一样。大卫说，自己很喜欢在无云的夜空下入睡。晚饭时间，我热了两罐爱尔兰炖肉，算不上是美食，但对于饥饿的地理学家来说，真是上天的恩赐。我烧了一壶水，煮了点咖啡，边喝边休息。我的手表显示是七点，太阳仍未落山，睡觉显然还太早。要做点什么吗？大卫说，我们应该尽情享受荒漠里的空气。我不知

道他当时在想什么，但还是按照他说的去把座椅从车子里拉了出来。这倒是很方便，只要花一点点精力，那辆老福特里
48 的所有东西都能拆下来。我们拖着座椅走出一段距离，坐在了冲积扇上。令我吃惊的是，大卫拿出了一瓶葡萄酒和两个优雅的酒杯。两个座椅在车里的时候并没有什么存在感，但在这茫茫的荒漠里，茕茕孑立的两把椅子却弥漫着一股动人心魄的文明气息。椅子带有软垫，我们坐在上面，碰了碰酒杯，“敬女王！”

黑暗最终笼罩了大地，在耳边吹打一整天的风也停了。我感觉到一种沉默，虽然它一开始让人感到安慰，但随着时间的流逝，这种沉默变成了一种巨大的、越来越令人感到压抑的存在。我试图给大卫讲一个鬼故事，是很久以前发生在中国的鬼故事，来打破沉默。为什么是鬼故事？首先是因为，这附近有一座鬼城，虽然我们现在从宿营地里望不见它，但它就在那儿。早些时候，我还去过它废弃的商店和房屋，阴森恐怖，似乎在任何时刻，我都能不经意地在某条街巷处撞见一名矿工的鬼魂，或者在某间还保持着原貌的小店里，撞见一名中国洗衣工的鬼魂。至于为什么我会从那么多的鬼故事里偏偏挑中这个故事来讲，原因也是深层次的。如今我甚至相信，这也是必然的，因为我和大卫的友谊正在加深。与他日夜相伴，就会有这样的事情发生。这层关系带给

了我满足感，但同样也引起了不安——几乎所有到达一定深度的人际关系都会同时体现出这二者。为什么？是我有什么问题吗？这个鬼故事本身就给出了答案。我差不多是这样讲给他听的：

从前有两个学生，一个姓王一个姓魏，从小一起长大，形影不离。有一年夏天，他们想趁着假期到紫金山的石灰岩洞穴里探访一番。晴朗的日子里，从学校就能清晰地眺望这座山，步行一天就能到达。那天一早，他们便出发了，但随后在途中迷失了方向，夜幕降临时还没到达目的地。他们发现自己在山峦和谷地间游来转去。夜深了，再往前走已不大可能。他们开始寻找栖身之处，最后，躲进了一个洼地里。魏生本想再走远一点，不愿待在洼地里过夜，但原因他却说不出口，因为那附近都是乱葬岗。

王生是那种随遇而安的人，没一会儿的工夫就已鼾声四起了。但是，魏生却睡不着，躺在地上辗转反侧，望着月亮在天上的位置变化，盘算着时间过去了多久。忽然，他想去解手，但深夜里寒风习习，他狠狠下定决心，才从地上爬了起来。他走出去几步，或者说，他觉得自己好像只走出去了几步远，来到洼地

的边缘处。小解以后，他如释重负，觉得只要回到被
49 窝里就能睡上一觉，并释然地笑了。他绕过一座小丘，
本以为能看到栖身的地方，但是没有。他绕过了一座山丘，又是一座山丘，开始变得焦躁不安了。他其实可以喊叫的，那样，王生一定能听得见。然而，他并没有喊叫，万一这一喊，有别人答应了呢？

魏生不敢再东走西窜了，他已完全迷失了方向，所以最好不要再轻举妄动。他试着缓缓地、均匀地喘着气，平复一下心神，毕竟目前还没有遇到什么危险。他站在原地环顾四周，看到远处有灯火在闪烁。那又是一个陌生的地方，但也总比困在原地要强。他朝着亮光走去，每到坡底，光就消失，而每到坡顶，光又出现。最终，他来到一个破旧的农家院落，只有一间屋子里闪着灯。魏生走到那扇亮着灯的窗子外朝里瞅去，只见一个老妪背对着窗户坐在凳子上，在镜前梳理那长长的白发。她的动作迟缓笨拙，很难伸手摸到后脑勺。最后，她深深叹了口气，干脆把胳膊举到头上，把头取了下来，放在身前，轻轻松松地梳了起来。

魏生被吓得动弹不得，双手仿佛粘在了窗台上，脚也仿佛粘在了地上。终于，他还是猛然抽身，挣脱

了恐惧的束缚，撒腿就跑。他深一脚浅一脚，跌跌撞撞地奔跑在山路上，摔倒又爬起来，反反复复地摔倒。他不知道自己要往哪里跑，也顾不上辨认方向。最后，他终于在一个丘顶上停了下来，气喘吁吁，忽然见到前方有个山谷，对，正是那个熟悉的山谷！谷底那块黑乎乎的地方一定是王生所在的洼地！他冲下山坡。但在接近那个熟睡的人影时，他却放慢了脚步。“等一下，”他心里想着，“会不会是我自己疑神疑鬼？”眼前这个人和那床皱巴巴的被褥看起来是如此真实，相比之下，先前那个无头女人却越来越像一场正在消散的噩梦。如果这时候王生知道我有多害怕的话，肯定会取笑我的。然而，魏生却根本没法平静下来。他待了一会儿后，不情愿地推了推王生。王生醒来，睡眼惺忪地问道：“你怎么了？脸色这么差！”

魏生说：“我睡不着，实在想不通，想不通！”他尽量压抑着心底的恐惧，又把刚才的经历轻描淡写地讲述了一遍。讲完之后，他又向朋友道歉，因为刚才吵醒了他。王生却更轻描淡写地回答说：“哦，有什么好奇怪的？”然后若无其事地把自己的头拿了下来。

故事讲完，夜空中飘着寒意。大卫听后，把酒杯放在一块石头上，慢慢把双手靠到头上。我很宽慰地觉着，他这个姿势似乎打破了取头的魔咒。看来，眼前的现实是多么可靠和令人安心啊！

50 1954年，我完成了论文的实地调查工作。1962年，我再次与大卫合作，这次是在新墨西哥州。1959年后，我一直在那里教书。自从在亚利桑那州第一次见到大卫后，我的生活状态几乎一成不变。我依旧是单身。唯一的变化，也可以说是进步，就是从一名研究生变成了教师行列里的一名新人。而大卫已经结婚了，还生下了两个女儿，到哪儿都会带着家人。我们又续上了友情，继续发展着对荒漠的共同兴趣。但我还是注意到了一些不同点，那是一种不对称性。当我们第一次见面时，我们都是两个独立的个体，而第二次见面时，情况就不一样了。当他跟我说话的时候，我还是曾经的我，但我面对的却是一个更为宏大的人格。如今的大卫，比我之前认识的，在人格上更广阔，更难以准确捉摸。因为在原先那个大卫的身上添加了其他的自我——更好的自我（就像老人们常说的那样），以及未来的自我，也就是他的孩子们。甚至当我和他单独交谈时，都能感觉到，除了一些专业知识以外，他在思考事物的时候，在考虑投入多少时间和精力之前，都会考虑一些额外的因素，所以无法给出一个准确的预期来。所以，我们再也不能来一场说走就走的旅行了。

当然，我们还是会一起去到野外做考察。如果一个地方风景优美，或者有一段不寻常的历史，他的家人也会跟来。新墨西哥州西北部的查科峡谷（Chaco Canyon）是一个著名的历史遗迹。峡谷的地面上有很多大型多层建筑的废墟，其历史可以追溯到13世纪。我们各自驾驶一辆汽车从阿尔伯克基出发。我开着我的小卡车带路，大卫开着他崭新的英国小轿车跟随着。我们沿着里奥格兰德河谷（Rio Grande Valley）一路行驶，然后沿着里奥查马河（Rio Chama）穿过圣胡安山脉（San Juan Mountains）进入一片高原。再往前走就是我们当天预设的宿营地，即一个叫古巴（Cuba）的小镇。我们计划入住当地的一家汽车旅馆，第二天早上出发去查科峡谷。当我们开车行驶在通往里奥查马河谷的土路上时，已是黄昏时分。或许是大卫觉得自己认路，没必要跟在我后面；也可能是因为孩子们那时候都需要照顾。我想是出于这些原因。后方传来一声鸣笛，随后，大卫的车卷起尘土超过了我。我不想被甩得太远，所以也加大了油门。但我的卡车显然在速度上比不过他们。最后，我们之间的距离越拉越大，不久，在我眼前剩下的，就只是扬起的尘土了，到最后，连尘土都看不见了。我便陷入了一片孤独的阴影里。

51 1962年的时候我31岁[1]——以学术生涯的标准来衡量，我还显得很年轻。更重要的是，我仍然抱有无限的热情想与这个世界搏斗一番。相比于思考的乐趣和取得进步的信念而言，社会的要求、生理的需求和其他方面的诱惑都被我抛诸脑后了。我独自生活工作，很少觉得孤独。而我也从来不觉着，从社会的角度来看的话，我的生活可能显得相当可悲，既无家人，也无密友。在里奥查马土路上发生的事就是生动的体现。当我努力追赶哈里斯一家的时候，第一次感受到了孤独和痛苦。更糟的是，我甚至觉得自己很荒诞。我到底在新墨西哥州的土路上做什么？开车追一个坐在轿车里的年轻家庭？我一度想把卡车掉头开回阿尔伯克基。当然，我没有，因为恢复了理智。在古巴的汽车旅馆里，我看到哈里斯夫妇已经打理好了孩子，孩子正在婴儿床里咿咿呀呀。我们马上得准备晚饭了。

52 害羞的人，不爱交际的人，或者像我这样被古怪的追求抑制了社交需要的人，或许更应该投身于大自然。不容易适应环境的人容易把情感寄托于动植物身上，因为动植物不会对人有成见。但即使是动植物也不是绝对可靠的，因为生物也会形成群体；许多动植物都有社会性，它们在自己的世界

1 段义孚生于1930年，原文如此表述。——编注

里也会有歧视、包容和排斥的现象。最后，可能只有待在无机物的环境中，例如沙漠、冰山里，人才能心旷神怡、宠辱偕忘。[1]

我喜欢大自然吗？在我们这个道德标准经常变化的后现代社会里，唯一不变的信条，即最无可争议的道德准则，就是“你应该热爱大自然”。我承认，如果大家都像很多年轻的环保人士那样，用“生命”这个词来指代大自然的话，那么我不算热爱大自然，甚至不太喜欢大自然。对于有机体为了繁衍生息而迸发出的奋进和狡黠，我怀有一种矛盾的态度。反而，宇宙中拥有这么多毫无生机的“矿物”，这让我感到安慰而不是沮丧。持这种态度的绝不只是我一个人。然而，我们的数量是很小的，因为如果物种要繁殖、生物要进化，就不能容许有太多我们这样的个体存在。

我对矿物的偏爱一定很深，因为它铭刻在我最早的记忆中。我当时大约3岁，住在天津，冬天很冷，池塘里都结冰了。我每天下午要睡午觉，刚醒来的时候脾气就很不好——就像很多小孩子一样，我也有“起床气”。你可能还记得，母亲预料到我弟弟会发脾气，就画了一辆汽车。为了

1 我曾经有幸表达过自己对沙漠和冰山的情感，参见“Desert and Ice: Ambivalent Aesthetics,” in Salim Kemal and Ivan Gaskell, eds., *Landscape, Natural Beauty, and the Arts* (Cambridge: Cambridge University Press, 1993), pp. 139–157。

安抚我，我的奶奶做了一件更富有想象力的事。她在烟灰缸里装满了水，放在窗外的窗台上，让它暴露在寒冷的天气里。她见我快要醒过来，便拿来烟灰缸，在我床边的桌子上翻过来，用刀柄轻轻敲了一下，然后——哎呀，看哪！——一个闪闪发光的冰雕掉了出来。在我一个小孩子的眼里，这简直就是魔法。

纯净的矿物，或者说任何在阳光下亮晶晶的东西，对于我来说都具有非凡的吸引力。现在回想起来，我这辈子只买过一件完全没有功能性的东西——蒂芙尼（Tiffany）的玻璃苹果。它如今在我客厅的桌子上。当傍晚时分的阳光照在上面时，它就会变成一个光球，绚丽的光斑显得五彩缤纷。我时常凝视着这个苹果，醉心于它的美丽，一次次地想到：上帝创造的一切并非都是激情和斗争，并非都是为了最终的朽坏或腐烂。

53 荒漠所带来的巨大吸引力让我感到意外。毕竟，它从未在我的童年里出现过，也不可能唤起遥远的回忆，因为我和家人从没有在那样的环境里生活过。在澳大利亚上学时，我知道我们住在一片大沙漠的边缘，但我从没探访过。第一次意识到贫瘠土地的美丽是在我坐火车去加利福尼亚州读研究生的时候。但它第一次让我深感震撼，则是在一年之后。1952 年的寒假，我和一些中国学生去野营，这是美国人普遍的业余爱好。一天清晨，我们出发前往沙漠谷地国家公园（Desert Valley National Monument）[1]，希望能在天黑之前到达那里。我们都没有野营过，但我们很自信，因为有帐篷、睡袋和其他野外体验的必要装备。我们的车在弗雷斯诺（Fresno）以南的某个地方抛锚了，修车花了几个小时。到达死亡谷（Death Valley）时已经很晚了，天也黑了。一阵大风刮了过来，再加上我们毫无经验，帐篷怎么也搭不起来，最后我们放弃了。记得当时，我感到很沮丧。我想，美国的学生应该知道如何在暴风雪中支起帐篷，而且无论如何他们都不会轻易放弃。最后，我们只能睡在睡袋里，任凭风卷起尘土扫在脸上，在风平静的间歇望见星空。

美丽的月色让我难以入眠。我想，命运的安排就是这样无可抗拒。在漫天的灰尘和漆黑的夜晚里，我设法使我的睡袋与冲积扇的倾斜度保持一致，这样当我钻进睡袋的时候头就会比脚高了。醒着的时候，我只需要把自己的头再抬高一点，枕在肘窝里，就很舒服。一眼望去，谷地西侧的整片坡地展现在面前，坡面被晨曦的第一缕阳光照得微微发亮，像星光映在广阔的海面上，像一丛丛紫色的花，像洒下

1 沙漠谷地国家公园（Desert Valley National Monument），位于美国加利福尼亚州和内华达州交界，是北美洲最干旱的地区之一。下文中的死亡谷（Death Valley）属于该地区，弗雷斯诺（Fresno）是加利福尼亚州中西部的一个城市。——译注

的一片片金粉。山谷底部的盐碱地，以及四处耸立的光秃秃的岩石，看起来也像是异界之物。但更不可思议的是那种安宁和静谧。我对这种景象非常好奇，估计别人也会如此。但令我困惑的是，为什么我不仅感到好奇，还感到一种醉人的幸福。

第二次，也是最后一次，我真正对大自然表示赞叹（有别于我出于习惯或礼貌而点头以表示赞同）是在巴拿马。1959 年夏天，我在巴拿马研究海岸地貌。[1] 那种地方很难身临其境去观察。我从美国海军借来一辆吉普车，去了大部分地方，但那还不是我需要考察的全部地段。其中一个难以到达的地点是一个嘴状沙洲，它环绕着一片浅海湾。当地人说有两种方法可以到达那里，一种是骑驴（要花四个小时），另一种是坐渔船。我选择了后者。我从一个村民那里了解到，如果中午时分到海湾，就会看到有人在等着被渔船
54 接走，我可以搭船一起出发。我在指定的时间去了那个小海湾，没找到人。我等了一个小时，仍然没有人。我又等了一个小时，其间来了几个人。大约四个小时后，码头上聚集了一小群人。我们继续等待，似乎不存在任何不耐烦的迹象，人们愉快地闲聊着。太阳落山了，但是仍然没有船过来。终

---

1 Yi-Fu Tuan, "A Coastal Reconnaissance of Central Panama," *California Geographer* 3 (1962): 77–96.

于来了一艘船，此时月亮已经高高挂在半空了。我们排队走上船，船立刻就出发了。没有一丝风，海湾里的水平滑如镜，只有船头分开两股波浪。旅客们都不说话，也许是累了。我静静地和他们坐在一起，一半沉醉于在水面上舞动的月光，一半沉醉于引擎的轻推。一个男孩爬上高高的桅杆，坐在横木上，细长的腿悬在空中。他的轮廓显现在船桅搭成的十字上，在晴空的映衬下，黝黑而且朴实。除了被美震撼之外，我还能有什么感受呢？

我试图构想出一幅关于大自然的画面。但是那个男孩的身影映衬在夜空里，他的出现产生了重要的影响。没有他，我仍能看到美丽，我仍然欣赏那如镜般平滑的水面、那月亮、地平线上那条沙洲的黑影。但当那个年轻人坐在桅杆上时，对于我来说就不仅是视觉上的吸引，而且令我心酸和感慨。那一幕的气氛也受到了之后发生的事情的影响。在这方面，它有别于我在其他自然之地的体验，包括在死亡谷里的难忘经历。晨光下死亡谷的迷人景色是个特定时间地点下的产物，之后发生的事情——我们起床做早餐，绕着冲积扇散步，为下一步去哪儿争吵，等等——并没有给那次经历带来新的光亮或阴影。但巴拿马的情况却不是这样。

当我到达沙洲时，那里正在举行节日庆典。人们吃着、喝着、跳着舞，我站在一旁看着。过了一会儿，我感到疲乏和头晕，离开了人群，离开了嘈杂的声音，离开了耀眼的灯光，去寻找夜晚那抚慰人心的黑暗。在沙丘和灌木丛中，我发现了一小块干净的沙地。我躺在上面，很快就睡着了。当我醒来时，发现有人在摇我的肩膀。那个女人看起来板着脸，所以我的第一个念头就是抗议——告诉她我没有妨碍任何人。她快速地对我说着西班牙语，我完全听不懂。过了一会儿，我才明白她让我随她回家。出于好奇，我照做了。在房子里，我明白了她的意思，因为她指了指一张大床。她的好心肠让我很感动。我躺在床上，尽管男人、女人和孩子们有说有笑，在房子里进进出出，我还是很快地、感激地沉沉入睡。几个小时过去了，又有人摇了摇我的肩膀，还是那
55 个女人。这一次，她不仅仅是看起来板着脸，而是真的板着脸，做出的手势只能表示一件事：“滚出去！”我不懂当地的习俗，看来我错会了她的热情好客，睡得时间太长了，以至于干扰了孩子们的正常作息。

船上的平静、岸上的喧闹以及我与沙洲上女人的小小尴尬，我没法把这些东西完全分开。它们是同一次冒险里接连发生的事，虽然完全不同，但在对未来的期待和对过去的回忆之间产生了共鸣。它们真的那么不同吗？即使在寂静的船上，我对自然美景的感受也不完全是宁静，男孩的出现打破了它。随着时间的推移，我不得不得出这样的结论：在我

看来，美必须与人无关——甚至与生命无关——才能慰藉灵魂。这就是为什么我会爱上荒漠。

这是否意味着我无法欣赏人类创造的环境？不，完全不是这样。城市对我有巨大的吸引力。虽然听起来很奇怪，但它吸引我的原因和荒漠吸引我的原因是一样的。两者的吸引力都是某种严苛——而且，不仅仅是严苛，还有水晶般的光彩，一种闪闪发亮的无机物的威慑力。我很容易想象自己和华兹华斯（Wordsworth）站在威斯敏斯特大桥（Westminster Bridge）上，凝视着伦敦，吟诵着：

人间没有比这更美好的景象，
它是那样庄严，又那样辉煌，
谁能经过它身边而无动于衷？
这城市此刻披着美丽的晨光，

像穿着睡衣；袒露而又安详，
那船舶、楼阁、剧院、教堂，
栉次伸向田野，又伸入高空，
一切在明朗的空中熠熠闪光。

璀璨的朝阳从未这样美丽地

照耀过大地上的峡谷和山岗。

我从未看到或感到这般沉静。[1]

诗人注视着仍在睡梦里的伦敦，这座城市的雄伟在于它的船只和建筑物，在晨光的照耀下“熠熠闪光”。清晨时分，曾经是，现在仍是，欣赏伦敦这件艺术品的最佳时刻。而黄昏就不太合适了，因为在那个时候，车辆的噪音和路上熙熙攘攘的行人可能会分散观察者的注意力。至于夜晚，在华兹华斯的时代，除了几条灯光昏暗的街道，或者满月的时候，整个城市都从视野里消失了。我们太容易忘记黑暗的统治是最近才被推翻的，颠覆者先是煤气，然后是电力。“城
56 市生活就是夜生活”这句格言在1800年以前是无法理解的。现在，即使是二三线城市在天黑后也能熠熠闪光。它们呈现给人们的不是建筑的体量，而是由色彩斑斓的点、线、面组成的图案，背景是棉绒一般的黑色。我们已经习惯了这种蒙德里安（Mondrian）[2]风格的美，不再刻意关注它们，就如同那些不知道浪漫主义运动带有何种热情的农民，毫不在乎他

1 William Wordsworth, “Composed upon Westminster Bridge, September 3, 1802,” *Selected Poems* (London: Penguin, 1994), p. 170. 译文引自［英］华兹华斯等：《英国湖畔三诗人选集》，顾子欣译，长沙：湖南人民出版社，1986年，第49页。——译注

2 蒙德里安（Piet Mondrian，1872—1944），荷兰画家，擅长使用基本的元素（直线、直角、三原色等）构成抽象的画面。——译注

们的山川具有如画般的品质。

我在威斯康星大学麦迪逊分校教过一门课，在这门课上，我和学生们探讨环境（自然环境或建筑环境）与生活质量之间的关系。开讲之前，我会让学生们写下对他们最有吸引力、对他们的生活质量贡献最大的环境。我在大学开设这门课程的那些年里，以及更早，即在明尼阿波利斯的时候，学生们绝大多数都选择了荒野或乡村作为他们最喜欢的地方，而几乎从不选择城市。然而，他们中的大多数人都是城里人。他们在明尼阿波利斯、圣保罗（St. Paul）或麦迪逊长大，这些地方都以靓丽的风貌和宜居性而闻名。此外，大学生不仅仅是被动的居住者，他们还是这个城市最大胆的探索者——他们能发现隐蔽的咖啡厅、气氛最好的酒馆、受众极小的书店；他们能整夜不睡，看着城市笼罩在微醺的酒气和狂热的爵士乐组成的蓝色薄雾里，又在几个小时后，喝完第三杯咖啡，看着空荡荡的街道沐浴在熹微的晨光中。然而，他们对这座城市不屑一顾，仿佛它与他们的满足感和幸福感无关。美国年轻人的非理性让我吃惊。尽管他们活力四射，尽管他们直面现实，但他们还是允许自己在课堂上读到的东西覆盖掉自己每天在城市空间里感受到的兴奋和亲切——要知道，这些文学素材的作者早已入土，想要切身体验他们的感受，恐怕只能到蚊虫肆虐的树林里走一遭。

我会恼怒地说：“从科学讲堂的窗户往外看，难道这里
的景色不会让你回忆起美好的时光吗？”我还会诚恳地让他
们想一想哪怕是最普通的情形——在一个普通的下午，和朋
友在图书馆学习，然后在室外走上几步，穿过喷泉广场到学
生会附近，来餐厅点一杯啤酒，坐在台阶上俯瞰门多塔湖，
待上足够长的时间，就能看见夕阳中的帆影。冬天会给人带
来另一种满足和喜悦。台阶上空荡荡的，一根根树干就像灰
色天空里枯瘦的窗格，喷泉被盖住了。但也就是在那时，麦
迪逊，或任何一个有活力的北方城市，才开始显露自己的青
57 春。我会对他们说：“想象一下，在 12 月一个晴朗的夜里，
麦迪逊已经换上了晚装。下课之后，你走出学术大厅，站在
坡顶俯瞰这座城市，映入眼帘的场景是你所熟悉的，但依然
不失为一场视觉盛宴。从站立的地方望过去，前景是校园里
的商场，黑黢黢的；再往外看，一条主干路向远处延伸，行
道树上点缀着无数闪闪发光的灯泡，商店橱窗和灯箱发出柔
和的光，照在路边的雪堆上；建筑物大小形状各异，有黑
的，也有灰的——视野从你眼前向远方展开成一幅图画；在
街道远方的那一端，州议会大厦灯火通明，它的圆顶像一轮
膨胀的月亮照在半空。”

让我印象深刻的画面，无论是冰、沙漠、海洋还是城市，都缺少一点人类的温暖。它们的吸引力更多的是精神和

想象，而不是身体的需要和渴望。这些景观要么人烟稀少，要么与人无关，即使是城市，也是几乎空无一人时才让我喜爱。“亲密”这个词对上述任何场景都不适用。难道就没有什么地方能唤起我对家园的回忆吗？有的，但与崇高的自然和伟大的城市相比，我必须有意识地努力去回忆它们。这本身并不令人惊讶，因为越是日常生活里的东西，人们越不会专门留意其复杂性和亲密性。成年之后，我的亲密意象十分稀少，还有另一个原因——我始终独自生活。当然，亲密的对象不一定是人，也可以是一只动物，甚至是一个无生命的物体，比如一件暖和的毛衣或一个舒适的房间。然而，所有事物的情感基调和活力都在很大程度上借鉴了人的品性——狗能成为一个真正的伴侣只因为我们不仅把它看作动物，温暖的毛衣让我们有“被抱着”的感觉，房间里只在充满了欢声笑语时才有生气。

遗憾的是，真正的人类亲密感，我从未切实体会过。为什么不试试替代品呢？为什么不养一只狗或猫呢？如果我有家庭，我很可能会这么做，但我没有。既然我放弃了真实的亲密关系——这个能给我带来最大风险和回报的东西，就不想再退而求其次了。其原因可能出于自尊心或者任性，但还有一件事——我不想伤害狗的感情，不想对它说：“我没有软玉温香可以揽入怀中，所以将就着摸摸你好了！”岂有此理！

作为一个孩子，我自然是家庭的一员，周围都是会关心我需求的成年人。在这个过程中，我体验到了各种亲密性，（顺便说一下）并非所有的亲密性都是迁就我。但我对实际发生过的事情，很多细节也记不清了，这出乎我的意料。为什么童年的温馨画面没有像 A. A. 米尔恩（A. A. Milne）[1] 所描绘的那样，时常浮现在我脑海里呢？会不会是因为我像所有幸运的孩子一样，把别人的支持和关注视为理所当然以至于淡忘了？当然，我的记忆也不是一片空白。我
58 还记得大约 6 岁的时候，我从肺炎中恢复过来。肺炎是一种可能致命的疾病，我得慢慢养病；这是尽人皆知的，所以，慢慢养病也不会产生负罪感。我就整天躺在床上玩玩具，而兄弟们则去上学。当我恢复了食欲，感觉身体强壮了一些时，就试着唱了一首自己编的歌，里面重复着可笑的歌词："亲爱的老妈，亲爱的老爸！"

"关怀"，这个温暖的词语被过度使用时，会变得多愁善感和俗气。然而，我却不能没有它。关怀是一种特殊的亲密关系，在我们还小，必须得到照顾的年纪，当我们生病的时候，这类亲密关系是最普遍也是最温柔的。一个四肢酸

---

1 米尔恩（A. A. Milne，1882—1956），英国作家、编剧，代表作有《小熊维尼》系列。——译注

痛、发着高烧的孩子会有什么感觉？我想借用一下约翰·厄普代克（John Updike）[1]的经验来说明。因为正如我之前提到过的，我的经历是矛盾的。厄普代克是这样说的：一个男人看到一个女人端着早餐上楼去看她生病的孩子，想起了这一幕——

> 那些早晨的时光就这样流逝了，他不去上学，待在家里。鲜榨的带着籽的橙汁，烘烤后切成条的热乎乎的面包，脆米饼，蓝色的奶油罐……毯子翻起的皱褶就像是山川谷地，上面摆着的书、蜡笔和短头剪刀慢慢被吞噬了身影；窗外的日子是一成不变的两点一线，镇上的人们在住所和工作地之间往返，奔向电车，或者疲惫地走回来，他的父亲正在这些人中间忍受着煎熬——顾不上对这个孩子履行什么义务，只是让他活下去，不出事、不生病，好干一件叫作“无所事事”的大事。

后面一句话让这所房子本身成了一个关怀者：“在一片寂静中，家具四平八稳，钟表滴答，低语回荡，混搭在一

1 约翰·厄普代克（John Updike，1932—2009），美国小说家、诗人。——译注

起，是助他疗养的一剂灵丹妙药。”[1]

疾病也会让成年人对他人产生依赖。由此，我们变得再一次需要别人的关心，需要一个恢复健康的地方。健康人会给予病人特别的关怀，比如一碗鸡汤和一个靠枕。在缓慢的康复过程中，病人与病房也建立起了一种特殊的亲密关系。一种特殊的感恩之心会生发出来，传达到付出关怀的人或地方。人类可能是仅有的能产生这种情感交互的物种。例如，虽然所有哺乳动物都要照顾自己的孩子，但人类的这个阶段尤其漫长。也许一个更重要的区别在于，人类有能力暂时放下其他一切事务，专心地与有需要的人相伴，无论对方是老幼还是病残。家作为康复的场所，承载着某种程度的情感温暖，这是其他灵长类动物，例如狒狒、猴子和猿所无法体会的。

59 我很喜欢引用两位杰出的人类学家 S. L. 沃什伯恩（S. L. Washburn）[2] 和欧文・德沃尔（Irven DeVore）[3] 的话。他们曾在我的相册里留下了一张让我难忘的照片。他们曾经说过："当大部队每天出发时，所有成员必须一起行动，否则就会被遗弃。对于狒狒来说，保护自己的唯一方法就是和群体在

1 John Updike, "The Egg Race," *New Yorker*, June 13, 1977, pp. 36–40.
2 S. L. 沃什伯恩（S. L. Washburn，1911—2000），美国人类学家。——译注
3 欧文・德沃尔（Irven DeVore，1934—2014），美国人类学家。——译注

一起，无论自己是否已经受伤或生病……对于野生灵长类动物来说，一种疾病，只要足以让它离开群体，就属于致命的疾病；但对于人类来说，在家园里无微不至的照顾下也无法恢复的疾病，才能称为致命的疾病。”[1]

一个独自生活的人无法了解家的全部意义。我不知道在阳光明媚的星期天早晨与心爱的人悠闲地共进早餐是什么感觉。我没有在客厅的窗户上看到过孩子们的手指印，也没有在地下室看到过他们破旧的自行车。对于我来说，家就是一幢建筑。然而人类构建的东西，哪怕仅仅是房间和家具，都能承载多么丰富的情感啊！这对于只强调理性的人来说是很难理解的。更令人费解的是，人们越是感慨于时间如白驹过隙，看到一个新的居住地时就会越觉得有人情味。1952 年，正是我对荒漠一见钟情的时候。1983 年，不出读者所料，我立刻对我居住的公寓产生了情愫。那一年我来到麦迪逊教书，房地产经纪人给我看了十几个地方，我都觉得不太合适。随着时间的流逝，我越来越绝望，开始找借口对自己说：“行了，差不多了。”最后一站是莫诺纳湖畔（Lake Monona）的一所废弃小学，当时正被改造成公寓。工人们正在安装窗台和木制窗框。地板上满是洒出的油漆、灰尘

1 S. L. Washburn and Irven DeVore, “Social Behavior of Baboons and Early Man,” in S. L. Washburn, ed., *Social Life of Early Man* (Chicago: Aldine, 1961), p. 101.

和保护布。尽管有这些明显的未完工的迹象，但在我看来，这些房间有了某种可供栖身的品质。厨房墙上露出的砖块有助于产生这种错觉。它们使人想起了岁月，想起了秋天的醇厚，想起了从窗户透进来的午后阳光。毫无疑问，气味也唤醒了我的记忆——时间维度拉长了——因为我一进房间，首先注意到的就是淡淡的烟草香味。一个工人正在休息，他把身子探出窗外，手指夹着烟头。

对于一个生活在20世纪三四十年代的中产阶级家庭的孩子来说，家不仅提供了养育和亲密，也具有一种魅力，因为在成年之前，家的某些部分——或其中的某些社交功能——并不对他开放。这种魅力，就如深夜里香烟的雾气，人们的谈笑。我记得，只要有机会，我就会偷偷下楼，走进灯火通明的餐厅，父母和客人们刚吃完饭，彼此分发着香烟。那些烟卷紧紧地码放在一个圆柱形罐子里，想要取出
60 来，需要扯动一根预先埋在里面的纸条。父母偶尔允许我晚睡的时候，我就会出现在大人们中间，一个接一个，请他们从烟罐里掏出一支烟来。他们向我道谢之后，靠在椅背上，容光焕发，聊着天，一副心满意足的样子。这种记忆赋予了家一种超越建筑和舒适感的意义。要不是我教书时在学校里偶然闻到香烟味，这些记忆就会被深深埋在心底。我瞬间感到，哪怕是一个重视保护自己隐私的单身汉，家提供的社交

机会仍然是一个诱惑。

虽然多蒂学院公寓已经整体翻新，但它漂亮的外墙没有改变，还是旧样子。我搬进了一个还算是有回忆的地方。61
建筑里蕴含的回忆让我感到安慰，让我的居所更像一个家，更有人情味。这使我得出一个基本上应该是正确的结论，即给一个地方带来光环的记忆不一定来自当事者本人的、独一无二的过去。它可以牵连出其他时间和地点、为其他人所知的奇妙时刻。在无眠之夜，我看着从天窗射进来的月光，找到了宁静——几乎和睡眠一样的宁静；下雨的时候，我听着雨点敲打着窗玻璃，不知不觉地就滑进了珍贵的忘我状态。夜空里的月光让我想起孩子眼中的魔法世界，雨点打在窗户上唤起了安全感，这是每个人的第一个家（即母亲）曾经提供过的安全感。这些都是相通的，一旦出现，人们几乎在任何情境下都能察觉。它们独立于一个地方的物质细节和历史因素，而取决于这些细节和历史的只不过是它们唤起的感受。如果我还是睡不着，就会想到公寓所在的建筑以前是一所小学，从而开始一项富有想象力的练习。我愉快地幻想着孩子们的琅琅书声，说不定呢，我现在躺着的地方可能就是一个孩子曾经坐过的地方。

随着岁月的流转，我对这所公寓的感情越来越深。我现在觉得它仿佛有生命。如果哪天需要在外面过夜，出门时我都会在门口停下来，看看有没有落下什么东西——这是我在任何地方都会采取的谨慎措施，比如在旅馆房间门口。但在家门口我会停下来说再见。我的目光倏然落在厨房的桌子上，桌面摆着一盏仿蒂芙尼的台灯，长椅上的靠背又软又鼓，一张张按字母顺序排列的光碟，多年来积累的书籍，还有一堆没来得及看的杂志。它们是多么平静、甜蜜，令人安心啊！它们似乎在说："我们会永远陪着你的。"这就是我的屋子和里面东西的情形。它们会一直存在于这个地方，这让人心安。它们便是错综变化的生活里的一道避风港。从某种意义上说，它们其实就是我自己。在我离世以后，它们就会浮光掠影般地呈现出那个最好的也是最真实的我来。

第四章

亲密：从正义到爱

我使用的这些照片对我自己而言是一桩麻烦事，因为它们直接触及我的性格，以及性格里的缺点。是不是因为我也像林登·贝恩斯·约翰逊（Lyndon Baines Johnson）[1]那样让整个国家变得喜出风头，从而难免瑕瑜互见？我完全无法判断，因为如果这本自传只是为了诚恳——尽管不可能做到每个细节都准确无误，但至少在态度上是诚恳的——那就会变成一本忏悔录。而从另一个方面讲，作为我们那个时代的人，把自己全然暴露于公众的视野也不符合我的性格。所以，我打算以迂回曲折的方式来解决眼下的困境，那就是，我将会借助别人的诚恳和善言来弥补自己在这方面的不足。看，白璧上的瑕疵已经开始显露出来了！ 62

胆小懦弱与不善言辞并不是我喜欢沉默的唯一原因。甚至，当我感到自己最亲密无间、最痛彻心扉和一些不受社会认可的情感及欲望被其他人知道的时候，也能体会到自己同他们产生的一种联系。我并不是孤立地在世上活着。当我遇到一些孤独无依的境况时，就会告诉自己："我完全可以立刻跑到一座图书馆里，去找一个安身之地。"这样的信心源于长期的经验。志同道合的灵魂——其实也是我内里的各种"自我"——往往会出现在你意想不到的一些书中。若

1 林登·贝恩斯·约翰逊（Lyndon Baines Johnson，1908—1973），美国第 36 任总统。——译注

能发现这样的灵魂，在文科教育里就算是一项最大的收获了。当我引经据典时，并不是为了炫耀自己的书本知识有多丰富，因为那样只会让人嘲笑我已经老朽，相反，这样做只是为了让自己能够沐浴在志同道合的陌生人的思想里。

先谈谈公平和正义。人在童年时期都想要得到公平。大约在 5 岁时，我得到了一支铅笔和一个小小的笔记本。那时候我不会写字，却假装着写写画画。有一天，一位叔叔看见我正在潦草地涂写着什么，便凑过身来瞧，我便递给他
63 看。他问道：“这些小叉叉都是些什么啊？”我生气地回答说：“我哥哥每欺负我一次，我就打个叉。”叔叔并没有笑，而是对我讲，我不该把自己的负面情绪都存放起来，而是应该试着忘记它们。如果不能忘记的话，就应该当面同哥哥讲清楚自己的感受。现在回想起来，我觉得，那位叔叔给我上了很重要的一课，是关于道德和公平的一课。我记在了心里，又开始强烈地想要知道自己应付出的究竟是什么。

我努力做出好的表现，甚至努力去做到不自私自利。但是，就算我是出于好意，哪怕稍稍违背了父母的意愿，都会遭到训斥，所以在心里生出了不理智的怨恨来。我大约 15 岁的时候，全家住在伦敦，母亲因患流感卧病在床。我同父亲、兄弟、姐妹都围坐在她身旁。那一刻，我想到一个好主意，就是去地下室的厨房给母亲端一些面包和茶水来。

我倒了一杯茶，把面包切成薄片，抹上黄油，然后冒失地直接用手拿着走过去，没有用托盘。为了腾出手来开门，我把餐具夹在腋下。父亲看见后，劈头盖脸就是一通批评，因为我这种做法很不卫生。可怜的父亲啊！他完全没有想到因为这样一件芝麻小事大发雷霆，会造成我永久的心灵创伤——尽管当时他只是在我手腕上轻轻打了一巴掌，说不定还是我“罪有应得”的。但这给我的青春期蒙上了一层酸楚。也就是说，哪怕没有惊天动地的灾祸，日常生活里也充满了混乱、失望和不公平。

小孩子能够很敏锐地意识到自己的尊严，也格外以自我为中心，而这两者是相辅相成的。他们怎么可以那样对待我呢！为什么我分到的东西总是最少的？道德教育往往劝诫小孩不要自私自利，而要多多为他人着想，多承担社会责任，而其最终目的，则是要实现一种不具有人格性的公平和公正。父亲一直在给我们灌输公平公正的价值观，认为这是中国人的传统价值观。但是，他却又常常借用美国的平等、民主概念来不断重申这些观念。和印度的种姓制不同，中国的社会阶层不是固定的。知识分子位于士农工商四个阶层的顶端，但知识分子显然不是世袭的，他们通过自己的努力奋斗才获得高位，而且任何人都可以通过奋斗成为知识分子。至少，在我还很小的时候，大人都是这么教育的。我们小时候听的故事从来都不会是布衣如何变成了富翁之类，因为商人毕竟在最低的阶层——所以是天理不容的！当然，也不可能是樵夫如何变成了总统之类，因为中国人认为政治和军事权力不足以享传家之久。所以我们常听的故事都是放牛娃如何变成了名士。

64 但从原则上讲，那时候的中国社会还是盛行阶级划分和阶级意识的。人们可以买卖女孩做用人——和当奴隶差不多，尽管这样不合法。和世界上其他地方一样，有钱人可以是穷人的主子。父亲和那群受过良好教育的人们以身作则地同这些不平等、不公义作斗争。而我们这些小孩子却又时常以一种浪漫主义的心态羡慕着那些农村出身的孩子，他们虽衣衫褴褛，却遮挡不住身上显露出来的智慧与抱负。在我父母那个年代，人们会收养出身卑微但天赋极佳的孩子——无论正式还是非正式的，都不是什么稀罕事。有时，当我发现父母很欣赏我心中的抱负时，就会立马钻进自己的幻想里去。而这类幻想并不是什么流浪的王子错被普通人家抚养长大的故事，而是一个出身卑微的孩子，身上的卓越天赋还未被人知晓的故事。

20 世纪 50 年代，美国的中产阶级很少关注外部世界难以调和的种族歧视。那时候，我也能感受到这样的现象，不仅是因为我身为一名中国人遭遇的严重歧视，还在于我作为一名新来者常以一种新奇的眼光去看待这个国家。1956 年到 1958 年间，我在布卢明顿的印第安纳大学任教，能看出班里的学生们和那些在石材加工厂里上班的年轻人生活在不同的世界里。我能明显感受到他们两个群体的对抗，而这样的对抗也在电影《告别昨日》(*Breaking Away*)[1] 里以艺术的方式表达了出来。

大学里，有些群体看起来华贵阔绰，而另一些群体就是小康水平或者仅仅是过得下去。读者或许了解顶尖大学里的各学院之间的穷富差别，根据不同的基金会、赞助商和持有的财产而不同，学生们与之类似。读过伊夫林·沃（Evelyn Waugh）[2] 的书之后，我本以为在牛津大学会见到势利小人，结果并没有。出乎意料的是，在美国西部的州立大学里，我却见到了。布卢明顿在我眼里就是一个典型的阶级隔离的地方，因为参与相关事情的都是白人，而且几乎都是男性。

1958 年，我离开布卢明顿去了芝加哥，住在当地的一所国际公寓里，同时也一直在关注性别和种族造成的美国阶级差异。在国际公寓里，男生和女生住在彼此分隔的两侧。他们只能每周一次在特定的时间里相互拜访一下。每当即将

1《告别昨日》(*Breaking Away*)，1979 年上映的美国电影，描绘了印第安纳州的一个青年工人追求女大学生，并和朋友们一起追寻生活目标的故事。——译注

2 伊夫林·沃（Evelyn Waugh，1903—1966），英国讽刺小说作家。——译注

拜访之际，男生们都会赶紧冲个澡，赤裸着身子在楼道里冲来跑去，到处回响着房门开开关关的砰砰声，他们还故意装出一副担心被女友撞见自己赤身裸体而慌慌张张的模样，真是虚伪至极（我心里这样觉得）。因为他们是不可能在女佣
65 面前产生一丁点儿赤着身子招摇过市的念头的。女佣，特别是黑人女佣，也完全不可能出现在白人男学生的面前。当我向几位美国熟人提到这种行为差异时，他们先是表现出不理解，然后是尴尬，之后又是厌恶，因为他们觉得我的观察实在是低俗。

对于社会上的这种偏见和不公，我只是感到愤怒，但没有采取任何行动。当 20 世纪 60 年代掀起民权运动的时候，我才完全融入了美国社会，开始感到自己应该有所作为了——我应该参加一些抗议组织才对。但我的行动又一次在想法面前止步了。无精打采和胆小怯懦肯定是其中的原因，但也不止于这两种原因。因为当抗议变成了时尚，操纵杆变成了笔杆子和演讲术，而非群情激奋的示威者时，我只能克制自己了。甚至，当搞地理学的人也开始写书撰文直指社会的不公正时，我还是保持着克制的态度。他们写的东西一开始是针对劳工阶级，之后又指向了女性和少数族裔，最后是同性恋，所以，他们是跟着社会的潮流在走。尽管他们在斗争技巧上无可指摘，但我看出了他们内在的不成熟。他们会

把这个世界分成好人和坏人两种人。那些没有权力的人——劳工、妇女、少数族裔、同性恋——都是好人；而那些掌握过多权力的人——统治阶级，像资本家、神职人员、白人和异性恋——则都是坏人。我和身边的地理学者都同样痛恨不公不义。当自己遭遇不公正的时候，也会变得十分敏感，当看见别人深陷其中的时候，也会义愤填膺。当两种观念、群体、意识形态发生冲突的时候，我也总是会去同情弱势的一方，就像水往低处流那么自然——这是西蒙娜·薇依（Simone Weil）[1]的一个比喻，我很喜欢这个比喻，也喜欢她凡事追求公正的性格，正如她所说："要从胜利者的阵营里逃脱出来。"对我而言，只要开始身陷胜利者的夸耀和奉承的囹圄，也就是想要逃脱出来之时；除非这样的胜利是一种自然而然的欢乐，就像拥趸们庆祝自己的球队获胜时一样，我才能坦然接受。

我没有像20世纪70年代的地理学家那样投入社会公正的战斗，悲观主义是原因之一。相比于无精打采和胆小怯懦，悲观主义并不见得是个更好的借口——但我也不是为了找借口——而是真实的原因所在。之所以会对社会公正报以悲观主义的态度，是因为我常常关注生理上的不平等。生理

1 西蒙娜·薇依（Simone Weil，1909—1943），法国宗教思想家、社会活动家。——译注

上的不平等，也就是生理天赋的不平等，会持续地造成每个人在自己和在他人眼里的不平等。

但我为何（从小就）会尤其关注这一点呢？这还得归
66 功于中国文化的影响。我的父母可以不加掩饰地表现出重男轻女的偏见。而这样的偏见，尽管是不平等的，却没有让我感到多么苦恼，因为在我眼里，这只是一种社会习俗而已，可以理所当然地持续下去，尽管社会已经变得越来越不像过去那样需要依靠男性的力量才能获取安全与成功。另外的偏见则显得更加根深蒂固，比如，人们会自然而然地去喜爱生机活力，厌恶软弱无力；喜爱勇往直前，厌恶胆小怕事；喜爱聪明伶俐，厌恶愚笨无知；喜爱美丽高洁，厌恶丑陋粗俗。这些相对事物里的前一项又常常带着变革性的力量。这些不均衡的对子，还附加着精神和道德上的价值。圣人往往是富有生机活力的。勇气代表着道德的力量，而不仅仅是身体的强壮而已，因为仅有身体的强壮常会显得愚勇。善良的人不一定聪明伶俐，但这并不代表他不具备道德上的洞见和智慧，精神的强大也同样是心灵的一种品质；相反，邪恶之徒往往是狭隘且愚蠢的。

长大以后，我发现那些长得漂亮伶俐的孩子们每天都能得到更多的微笑、点头和赞许，而不再像过去那样得不到任何表示了。所以，他们不仅得到了天赐的馈赠，还得到了社会的馈赠。这简直太不公平了，但却又是命中注定的，就像后来我听见耶稣说的一句颇难理解的话一样："凡有的，还要加给他，叫他有余；凡没有的，连他所有的，也要夺去。"[1]（《马太福音》13：12）人类有能力，且已经向着生理的不平等宣战。被启蒙的家长们会更加关注天赋较差的孩子以弥补不足，而被启蒙的社会则会慷慨地资助那些身体和精神负担过重的人。甚至在资本主义的美国，在这样一个崇尚自由竞争、适者生存的国家，资源也被大量消耗在了公立学校里那些迟缓愚钝、自暴自弃、多动调皮的孩子身上，只有很少一部分资源用于培养有天赋的孩子。欧洲的福利制度是很有名的，但却又恰恰是美国才会把金钱投在建设供残疾人使用的无障碍设施上。似乎，美国更加在意的是要去弥补生理上的缺陷，而不是社会上的缺陷，因为很多人认为相比于后者，生理上的缺陷才更像是命运的打击。然而，依然存在着一个挥之不去的疑惑：穷人之所以贫穷，是因为他们懒惰？

当然，在我很小的时候，虽不知有什么方法可以弥补人类的先天缺陷，但人在后天还是可以努力改进的。比如，丑陋的人可以经过打扮变得长相平平，迟缓的头脑、笨拙的四肢可以经过训练变得具备一定的能力。但在如此差的先天

1 本书所提及的《圣经》原文，均参考和合本《圣经》。——编注

基础上，一个人也不太可能体会到生命的圆满活力，体验不到别人和自己眼里的卓越人生，也就是说，不太可能像鸟儿一样自由地飞翔起来。

67 像我这样的中产家庭，受到西方价值观念的影响，不会觉得好看的长相是一种优势，更不会觉得男孩比女孩更有决定性的优势。我在任何时候都不会担心这两点。起码，我还算是一个长得不错的男孩。此外，我的性格也容易受到别人的欢迎。但我能感受到，最明显的缺陷是思维的敏捷性。之所以能感受到它，并不是因为我怀疑自己缺乏思维的敏捷性，而是因为中产家庭往往会不加掩饰地特别重视这一点。

应该是在5岁那年，我父亲让我做算术题。我自信满满地把答案递到他面前，他念叨着："这题没做对，第二题也不对……第三题对了，第四题第五题也做对了。五道题对了三道，还不错吧！"但我却哭了起来，因为靠这种平平的成绩，将来肯定当不了工程师，而我父亲期待着儿子将来能成为一名工程师。出于某些原因，父亲始终不让我忘记这件事，甚至还不停地和身边的朋友聊起这件事。在我长大以后，他还经常在我面前提起这件事。他只是觉得很有趣而已，但万万没想到"五中三"在我看来是何等丢脸的事，最后它就像狗皮膏药一样贴在了我身上，挥之不去。

后来，我逐渐意识到，尽管自己可能一直都不擅长数学，但在好老师的帮助下，加上勤于练习，也是能做好算术题的。二十年后的 1958 年，我到芝加哥大学做统计学博士后项目（是的，是统计学，不是地理学），这算是对我数学功底的一次考验了吧。我身边都是一群数学奇才，其中有些人还是正读高中的十几岁孩子，但他们已经通过了特别的安排在大学里进修本科课程。在他们中间，我觉得自己真是一个十足的笨蛋。因为自己的数学基础很差，所以，我应该早点认识到这一点才对，而不是幻想着以这么差的基础去弄一个什么博士后。更让我自惭形秽的是，在概率这种不需要太多知识和技能铺垫、只需要天生智力因素的课程上，我也一无是处。数理统计对我来说太难了，所以我转到了较低级别的课程里，其中只需要掌握高中水平的代数和几何就可以了。在那里，公式都写成展开式，也就是一个求和符号后边跟着一大段，其实用微积分的形式写成一行就够了。我可以按照展开式一步一步地计算，哪怕完全理解不了它所传达出来的信息。这导致我最后得出一个结论，不管在哪儿，倘若在一个社会里，数学是成为一个负责任的公民的前提条件，那我就肯定是那个被永久剥夺了公民资格的人——难道我们不正在向那样的社会迈进吗？[1] 没有一个善意的社会能纠正

1 尽管痛苦不堪，我毕竟还是完成了统计学博士后项目。

这种错误。

我在大学里任教超过了四十年。可每当走进教室时，都会先入为主地以为学生们已经做好了充分的预习准备，天
68 资都一样聪慧。但到了期中考试，才会惊讶地发现根本不是这么一回事。如果说没有好好备考是考不好的原因，我不会太过于惊讶，因为老师们都会劝勉学生迎难而上的。倘若学生是对课程缺乏兴趣的话，我也不会太惊讶，因为他们可以选择自己感兴趣的课程，发挥自己的特长。而我接受不了，也是不断面对着的明显事实却是——学生的天资存在着明显的差异。每次上大课的时候，我都会遇到那么一小撮从来不缺席的学生，认真听课，努力完成每次作业，但到最后只能拿个及格成绩。他们跑过来问我：“我要怎么做才能得优秀呢?”我却只能含糊地应对着，因为对他们说实话是很残忍的，比方说：“你应该投胎到更聪明的父母家里。”他们交上来的作业其实也不算太差，只是相当一般：每句话、每个思想都是平庸老套。当然，聪颖的学生写的作业也可能只是将将及格。原因很明显，他们没有好好写作业，只想凭着天赋来做事情，然而失败了。但问题却在于，那些聪明学生的天资体现在了作业里那些令人愉快的词句转折和大胆的比喻里（或许比喻得不那么贴切），抛开成绩不谈，这样的天资都超过了平庸学生付出的最大努力。

生命力是一种天赋，一些人多，一些人少。智力也是一种生命力。当然，伟大的科学家、文学家都具备超凡的思想，但他们的思想并不是装在头脑里的一台精密仪器，而是一股原始的力量——人性的潜质——充满了整个身体。C. P. 斯诺（C. P. Snow）[1] 记得爱因斯坦在新泽西州从海水里游上岸的时候，看起来就像一位金色的神祇。而雨果、巴尔扎克、爱默生、惠特曼，甚至狄更斯这样的文学家看起来也比一般人更加卓越，拥有非凡的力量与抱负。济慈（Keats）[2] 英年早逝，有时仿若无缚鸡之力，但他却实实在在是一个满盈着生命力的人，体现在了他的表情、姿态和言辞上，也表现在了他的作品上，像书信和诗歌。

有时候，我不是特别明白生命力对一个人的成就有着怎样的意义，但当我阅读阿尔弗雷德·罗素·华莱士（Alfred Russel Wallace）[3] 两卷本的自传时，就真的领悟到了。之后，我在印第安纳州得到了第一份工作，觉得自己和他很像，作为一名初出茅庐的地理学者，被自己的前辈所吸引。

1 C. P. 斯诺（Charles Percy Snow，1905—1980），英国科学家、小说家。——译注

2 济慈（John Keats，1795—1821），英国诗人。——译注

3 阿尔弗雷德·罗素·华莱士（Alfred Russel Wallace，1823—1913），英国探险家、生物学家、地理学家。他在 19 世纪穿越东印度群岛时注意到，不同岛屿的物种有较显著的分别，似乎可以用一条线分隔开，两边分别是亚洲区和亚洲—澳大利亚过渡区。他于 1859 年提出这一观点，后由英国生物学家命名为“华莱士线”。——译注

但在接下来的日子里，我的工作却和动植物的分布或“华莱士线”没有任何关系。而正是这样的事情导致了华莱士两兄弟截然不同的命运。阿尔弗雷德·华莱士用了四年半的时光
69 （1848—1852）在亚马逊盆地“钻研昆虫的奇特生命”。他弟弟赫伯特·华莱士（Herbert Wallace）在1849年也加入其中，想看看自己是否也能从事自然史的研究工作，但在此过程中，他却越来越绝望。他之前也干过很多工作，但却从未热爱过任何一份工作。在热带地区干了一年后，他又认定，研究自然不是自己的使命之所在。阿尔弗雷德·华莱士记述道：“他对昆虫和鸟类不感兴趣，也不愿培养兴趣，这条路，他是走不下去的。”

之后，阿尔弗雷德虽无法理解弟弟缺失人生方向和动力的原因所在，却转向了对生命力的思考：“他的不幸源于缺乏系统性的在校培养，对机械重复性的工作缺乏热情也无动力，无足够的力量去克服先天和后天的不足。”赫伯特离开了考察地，去到贝伦市（Belém）[1]，决定登船返回英格兰，但却在流行病肆虐的港口不幸染上黄热病去世了，那年他才22岁。[2]

赫伯特缺少生命力，而阿尔弗雷德却充满了生机活力。

---

1 贝伦市（Belém），位于巴西的帕拉州（Pará）。——译注

2 Alfred Russel Wallace, *My Life: A Record of Events and Opinions*, vol. I (London: Chapman & Hall, 1905), pp. 281–283.

虽然赫伯特经历了一次人生，但他的生涯和他的哥哥比起来就像患了贫血一般羸弱。他哥哥游历世界，获得了知识上的成就。可见，天赋需要配合激情才行。爱德华·布里南（Gerald Brenan）[1] 指出："但丁认为，天赋等同于强烈的欲求。由此而推知，写作和绘画的天赋是从渴望写作与绘画的欲望中生发出来的。"[2] 布里南认为，真正的天赋，甚至是纯粹心智意义上的天赋，绝不仅仅是一种能把事情做好的诀窍。重要的在于，它还必须充满活力，就像可充电的电池——能够释放出能量，能量可以得到补充，而且还是定期的补充——有些人身上的电比其他人多得多。对我来说，这是根本性的不公平，因为这不仅关乎成功和名誉，也关乎日常生活的质量，关乎活着的意义。

生命力也是一种优势。或者说，生命力可以让某些优势得以从容地发挥出来——就像精神的广博或人格的豪迈——因为从容，而显得自然；亦因自然，而显出魅力，令人尊重。让我举两个例子来说明。

我上学的时候，经常坐灰狗巴士[3]，因为便宜，而且这也

---

1 爱德华·布里南（Edward FitzGerald "Gerald" Brenan，1894—1987），英国作家。——译注

2 Gerald Brenan, *Thoughts in a Dry Season: A Miscellany* (Cambridge: Cambridge University Press, 1978), p. 84.

3 灰狗巴士（Greyhound Buses），北美一种常见的城际长途汽车，因汽车侧面印有银灰色的狗而得名，票价较为便宜。——编注

是一个能让我看见美国社会不同阶层的好机会。在比较大的城市里，车站里总是云集着各色人等。但有两种人吸引了我的注意。一种是羸弱的老妇，另一种是朋克青年。当巴士靠站的时候，这些老妇会紧抓着烂朽的手提箱冲到车门口挤上去，而其他乘客则都被挤开了。而那些朋克青年们则不紧不慢地等到最后才上车。他们身上什么都不带，最多只带一个
70 收录机和一把梳子，偶尔刮刮油腻不堪的头。到了车上，紧张兮兮的老妇们会喊这些朋克青年们帮忙把行李箱举到头顶的行李架上去。但出乎我意料的是，这些朋克青年二话没说就照做了，他们前臂轻轻一伸，行李就给掷了上去。那时候，我便会猜想他们是做什么职业的。是机械厂里的学徒，是农民、服务业工人、财贸学校里的学员、海军陆战队的新兵，乃至于一些不三不四的团伙里的小混混？但不管做什么职业，他们在灰狗巴士里的表现俨然是一位位绅士。巴士里的世界使得每个人都舒适自信。他们以一种随意的无畏去帮助陌生人，在我眼里，这真是一种高贵的品质。

第二个例子是多年之后发生的一件事。1982 年 11 月底，连续下了多日大雪。当我在明尼阿波利斯市中心十层楼公寓的窗户向外眺望时，可以看到整座城市都覆盖了厚厚的积雪。而我却傻乎乎地还是开着车去上班，结果可想而知，车开出去半英里就陷在了雪地里。路上还有几辆车和我一样动

弹不得。我打算弃车离开，但那一刻，有人在街对面向我挥手。那人刚把一辆车从积雪里推了出来。他跑过来对我说，可以帮我一把。这样，轮胎再次转动了起来，车辆缓缓向前滑行，地上出现了雪的碎片，压在了车轮底下，但没有结成冰，于是产生了阻力。这样，我的车就能靠自己的动力向前行驶了。

我载了他一程。我对他说，倘若我去不了办公室的话，就会回到住的地方“河塔公寓”（the River Towers Condominium）。他说他刚好也在那儿做机修工。我们在雪地里慢慢前行，我问他家住哪儿，他说住在圣保罗镇，他把车抛锚在了返程几英里处的一个地方，当时他正好赶往明尼阿波利斯，还沿途帮了好几辆困在雪地里的车子。我听他这么一说便感到很震惊，这让我想起了《圣经》里的故事，尽管我确信他当时并没有刻意去隐射《圣经》里的金律。就像基督一样，他所做的事不是为了“拯救自己”，而是为了拯救他人。在车里，因为我必须全神贯注地驾驶，所以没法去看身边这位“救星”长什么模样。等到了车库里，我可以端详他了。我发现，站在眼前的，竟然是一位充满活力的青年。我感谢他的时候，他露出了一口洁白的牙齿，面带灿烂的笑容。于是，我开始天马行空地想象他一定是一位降临人间的天使长，是来帮助我们这些受困的凡人的。

因为这两件事都呈现出了我很钦佩的一种优点，所以我记忆犹新。但背后还是带着一丝惭愧，因为我更欣赏的是
71 其中的美感，而非它们的道义。我甚至会羡慕年轻男孩儿身上所具有的生机活力，而这正是我缺乏的一种天赋。我一直是个病恹恹的孩子，虽然成年后健康状况有所改善，但总是缺乏一种能够去帮助他人、在社交场合活跃气氛的热情洋溢的力量。我总是一副无精打采的样子，当遇到陌生人需要指路的时候，我常装作看不见，而不是主动上前帮助。当遇到缺乏安全感的学生时，我不是面带微笑地去鼓励，而是常板着一副正颜厉色的面孔。这绝不是我喜欢的样子，这伤害了我的自尊心。但我又能怎么办呢？用意志力去改进吗？有时，意志力确实可以当作生机活力的替代品，但遗憾的是，意志力总是不如生机活力那样吸引人。所以我觉得，我生命力的缺乏乃源于身体上的缺陷。对此我很怨愤，因为我其实可以成为一个更好的人——一个更有魅力的人——倘若“生命的绿泉”能在我的血液里涌流得更快一些就好了。

我也常把生命力同生理上的勇气联系起来，这也是我所缺乏的。在我看来，怯懦是最可耻的人类品性，所以意识到身体里欠缺勇气会带来持续性的羞耻感。我童年居住在重庆的时候，只要一有机会就和小伙伴们一起踢足球。我们把布扎成一大捆来当作足球踢。有一天，父亲送了我们一个真

正的皮制足球，我们真是惊喜万分。我们不仅形影不离地带着它玩，甚至就连吃饭睡觉时都抱着它不放。而唯一的缺点是，它太硬了，我一点也不想让它撞到我的胸膛或脸上，这让我有些心悸。但我却把恐惧压在了心底，去当守门员，成为“众矢之的”。当球飞过来的时候，或一个男孩儿带着球像炮弹一样冲过来的时候，我就奋不顾身地用身体去阻挡足球或那个男孩儿。但这样做并非因为有勇气，而是那一刻只觉得，这是我的最后一次了，肯定活不过这次劫难，过后就再也不必面对这玩意儿了。

为什么当守门员会比在场上跑让我觉得在比赛中拥有更多的操控感呢？答案同样是缺乏生命力。守门员基本上是待在一个地方的，而不用追着球，也不用逼着自己满场到处跑。这是一种被动的勇气，意味着站稳自己的地盘即可。但我钦佩的却又是一种主动的勇气——行动的勇气，设定目标的勇气——男性的勇气。其实我从来都没能把球抛到过合适的位置上去。这涉及一种性别上的差异：女孩儿很难抛好球，因为她们只使用手臂的力量；但男孩儿则会借用整个躯干的力量去抛球——他们会把整个身体往前倾，像几乎快要摔倒的样子。但我却不愿冒着要摔倒的危险去抛球。在每次比赛中，我几乎都是极力掩饰着无法抛好球的羞愧参与其中的。

72 所以，勇气不仅包括身体里的活力，能够把自己置身于特定的境地；还在于在行动上有决断，能在关键时刻保持沉着冷静的心态。说到这里，我又开始怀疑起自己的勇气了。但是否真是如此，我也没有测试过。之前我住在明尼阿波利斯的时候，在报纸上看到一则消息，印象极其深刻，让我体会到生命的样子和人生会遇到的难以预料的挑战。这则报道是关于亨内平大道（Hennepin Avenue）上的一则抢劫案。里面写道："我当时和妻子在一起，那个劫犯就拿着枪朝我们走了过来。他举着枪对准我的妻子，我吓坏了，但什么应对措施都想不出来。但不知怎么的，我保持了冷静。然后，那个人又举着枪对准了我的头，我还来不及反应，竟已经号啕大哭了起来，还不停地哀求着。我哭着说，孩子们是多么离不开我，我给了他们所需要的一切等等，只是感到崩溃，彻底的崩溃。"1970 年 9 月 23 日，这名男子对《明尼阿波利斯论坛报》的记者如此说道。后来，他获救了，也没有受伤，只是自尊心遭到了打击。

1957 年，我读了阿尔贝·加缪（Albert Camus）[1] 的小说《堕落》(*The Fall*)，是英文版的初版。在一个阴冷的夜晚，一名男子过桥听见传来扑通一声，有人落水了。这名男子会

1 阿尔贝·加缪（Albert Camus，1913—1960），法国哲学家、作家。——译注

游泳，但却没有施救。相反，他却待在那儿衡量着施救的各种利弊，直到一切为时已晚。而那个男子就像我一样。另一个男子则不像我，但可能像理想中的那个我。那个人叫莱尼·斯库特尼克（Lenny Skutnick），他有过一次英勇的救援行为。1982 年 1 月 13 日，佛罗里达航空公司一架客机坠落栽进结冰的波托马克河（Potomac River）里。斯库特尼克二话没说就跳进河里，经历了重重危险后，他救起了一名女子，自己被送进了医院，因为他的体温降到了危险指标以下。后来他回到家里，邻居们、记者们又开始用各种问题包围他，问他为什么要那样做，他是怎么鼓起勇气跳进河里的。斯库特尼克似乎感到很困惑，只是说道："我当时看到她正好沉下去了。如果不救的话，她就会死去，所以我就这样做了。"[1]

我只得耸耸肩，感叹之余，意识到了一种值得钦佩的生命态度。像斯库特尼克这样的英雄总是会觉得为陌生人牺牲自己是再自然不过的事情了，所以，别人的大惊小怪才会令他们感到困惑。到目前为止，我一直强调的是冲动下的英雄主义：同一个时刻里，一边是一个人坐在舒适的汽车里，期待着在家里的炉火前享用美酒，另一边是一个人跳进冰冷

---

1 此人的言论登载于 *New Republic,* February 3, 1982。其他类似的英雄事迹，参见 Robert H. Frank, *Passions Within Reason* (New York: Norton, 1988), pp. 212–213。

的波托马克河，试图把一个挣扎的妇女托在水面上。这种明
显的对比，不仅是命运使然，还源于人的天性和意志。但
这并不是说只有这种突发事件才是检验勇气的唯一标准。其
实，还有其他途径，包括计划之中的事情和事业。盖伊·威
洛比（Guy Willoughby）就是一个很好的例子。1989 年的一
天，“他脱下干净整洁的衬衫——在喀布尔（阿富汗）常穿
的那件衬衫——匍匐在喀布尔北边的一条公路上，在苏联的
73 雷区里作业。这位前英国军方的士官长，用一个金属探测装
置、一根探针和一双手排除了大量地雷，开辟出一条狭窄的
通道。之后，这名 29 岁的英国人又和他的同伴保罗·杰斐
逊（Paul Jefferson）去往另一个小雷区作业。回到喀布尔后，
威洛比——也是前印度总督的曾孙——将去往英格兰度假，
养马和马球运动是他的爱好”。

上面的文字取自 1989 年 12 月 3 日的《纽约时报》。那天，我还浏览了所有的头条新闻，但都记不住了，这条位于后版的报道却让我记忆犹新。盖伊·威洛比为什么要这么做？当然，其中一个原因是阿富汗人还胜任不了这项任务。另一个原因则在于高贵的品格——一位出身名门的英国人对一个国家的责任感，这是人民为之前仆后继、浴血奋斗的国家。同时，我发现在这一勇气里还体现出一种张弛有度的可贵品质：他脱下干净整洁的衬衫，在喀布尔北边的雷区里

匍匐作业，之后又飞回英国打马球，这呈现出一种生命的意义，在语言陈述展现的整个画面中活灵活现。

那么在道德的勇气上，我是否也低于一般标准呢？如果说勇气就像一颗狮子般的心，敢于面对身体和道德上的挑战，那么我是低于这一标准的。毕竟，牺牲的同样还是生命。身体的勇气会带来生命的牺牲，那么道德的勇气也同样会让生命受到威胁，因为它会让你遭到周围人的排斥，最后失去支持你的福祉，无法维持你的生命。马尔科姆·马格里奇在我看来就是这样一位英雄，虽然遭到排挤、失去工作，他还是坚持要把自己看到的真理说出来。因此他被开除过不止一次。既然我是一名学者，总感到有压力要去支持那些激进学生们的观点和他们的目标，那么，马格里奇就总是能给我一些力量，让我去承受这样的压力。对于他来说，这样的压力在 20 世纪 60 年代达到了顶峰。

1966 年，马格里奇被爱丁堡大学的学生会选为校长。这当然得益于他与英国当权派相左的观点和发出的批评之声。校长的工作几乎都是仪式性的，而非仪式性的职责是要把学生的请愿书递交给大学的管理机构。1967 年，学生们想在校园里自由使用大麻和避孕药。马格里奇收到了他们的请愿书，但却没有采取常规的方式去处理这件事，而是在 1968 年 1 月 14 日的年度校长致辞里做出了回应。通常，校

长们都会利用这一盛大的场合来哗众取宠一番，尤其是取
74 一下学生们的宠，因为他们毕竟是学生投票选出来的。然而这一次，这位校长说话的语气俨然就像一位出离愤怒的《旧约》中的先知。他说，如果是为了反抗如今这个走下坡路、精神萎靡的英国社会，自己可以理解任何一种方式；但是与其说让他出于公义而愤怒，不如说“这真是极度令我感到伤心而滑稽，学生们叛逆的方式竟然是想要大麻和避孕药，这简直是最恶劣的逃避和自我放纵的行迹！……嗑药和滚床单，这是世上那些浪荡货色才会挖空心思追求的东西”。[1]

就我自己而言，我敢不敢像他那样穿上礼服，去面对学生们满怀震惊的失望和抗议，以及那一刻极度沉闷的寂静，或者是四起的嘘声和倒彩？相反，在那个场景下，我完全可以用一些华丽的修辞，说一些夸夸其谈的话来赢得学生们的喝彩。我想，我做不到他那样。其实困扰我的主要还不是道德上的懦弱，而是身体上的懦弱。我的困扰就在这一点。我的一个朋友屡次受到别人的批评，而那些人的观点我不仅赞同，其实也代表了我自己的所需。但我却从没有只保持沉默，而几乎总是站出来为那个朋友辩护一番，即便每次他都不在场。但是，我从未测验过自己在身体上是否也有同

1 Gregory Wolfe, *Malcolm Muggeridge: A Biography* (Grand Rapids, Mich.: Eerdmans, 1997), p. 353.

样的勇气。如果刚好有个劫匪正在公共场合抢劫一个路人，我敢冲上去保护那个人吗？我不知道。可能我不敢吧——这样的想法让我感到难过。

如果是在公开场合说一些不受人欢迎的话，我测验过自己，但没有通过。比如，在20世纪80年代，我对我任教的大学里贴出的标语“设计服务于多样化”深表怀疑，因为这个口号替换掉了原来的口号“去粗取精，去伪存真”。但我没有勇气在教职工大会上提出自己的反对意见。如果我提了，必然会遇到不理解和愤怒。所以，在这种时刻缺乏勇气是很遗憾的事情，更别说挺身而出同匪徒搏斗和保护路人了。我从未在身体上有过这样的勇气。但作为一名大学老师，我的工作正是要冒着不受欢迎的名誉之险，为我所向往的真理之光发出声音才对——包括这所大学的本质应该是什么。终身教职也正是为此而设立的。但我的情况更复杂一些，因为我自有一种性格特点，习惯于站在他人的角度看世界，所以总是动不动就给自己找一种借口，即“他说的或许有几分道理”——但其实也许并没有——这也勉强算给我自己找个台阶下吧。

能从他人的视角看问题，并体会他人的情感和需要，通常会被视为一种优点——是在想象的层面上对自我的拒绝。其中也关联着人的生理特征：女性比男性、内向者比外

向者更有这样的天赋。但更多的情况是，相比于勇气和生理
75 上的勇敢而言，同理心更能通过不断的训练而得以增强。这种品质是可以通过教育培养起来的，它潜藏于每个想得到它的人的心里面。正是这样，我才不至于感到自己在各方面的天赋上都低人一等。何况，在设身处地为他人着想这一方面，我不但不比别人差，反而认为自己是高于一般水平的。

我可以用一则痛苦的童年经历作为例证。我哥哥 11 岁那年参加南开中学的入学考试，考试难度极大，尤其是数学。考完后，他垂头丧气地对父母说自己没考好。我无意中听到了他的话，于是哭了起来。母亲气恼地问我："你哭什么？是你哥没考好。"我也没法回答什么，只觉得，如果我是我哥的话，会有什么样的感受。所以我几乎沉浸在了他的焦虑和失望里。当然，我的伤心也在于过些年我也可能会参加这场考试，但不全是这一个原因。其实更让我伤心的，并不是那一片悬在未来的阴云，而是当下的沮丧——我哥哥的沮丧，也就是我的沮丧。这件事之所以记忆犹新，还因为我父亲从来不让我忘了它，我也从来预料不到他会在什么场合里专门提起这件事。只是每当他提起来的时候，我只觉得自己可笑的软弱又被他无情地揭开了。

我或许天生就是一个孤孤单单的孩子，因为我经常爱玩一些孤独的小孩才会玩的游戏，也就是去想象如果自己是

另外一个人的话，会是怎样的。我能够在任何地方玩这个游戏，尤其是当我坐在悉尼的家里那道玻璃门廊上，望着玫瑰湾对面的车辆像玩具一样四处移动的时候，这种想象力就会达到极致。我会想象自己随意选一辆车坐上去，看一下从这辆车里望出去的世界是什么样子的。我不仅会把自己放到那个乘客的位置上去想象，还会幻想我自己就是那名乘客——一个澳大利亚的孩子正开着车去参加板球比赛，或者一名成年男子正赶往会场的路上，等等。我特别喜欢从别人的视角去看世界，去感受他们的感受。“移情”（empathy）对我来讲是很自然的一件事，而且我也在不断培养它，把它变成更具有社会性和产出性的能力——共情（sympathy）。

对他人遭遇的共情是一种无价的情感，但这种情感也不那么容易唤起。其实更有挑战的是对他人的成功和幸福产生喜悦之情，尤其是当那个成功在大家看来也是我们自己理应取得的时候。毋庸置疑，父母通常会因为孩子的成功与幸福而喜悦，但这是因为父母常把孩子当成了自己的延伸。他们不会嫉妒自己的孩子成功，正如一个作家不会嫉妒自己的书成功那样。但父母不会常把孩子挂在嘴上，因为别人不会对自己的孩子那么感兴趣。不过也可能并非如此。我可能就 76
是个例外，因为我就很喜欢听别人讲述他们的孩子如何如何成功。

当我聆听他们所讲的时候，我就会一会儿站在孩子的立场上，一会儿站在父母的立场上，所以，我就同时得到了两方面的快乐。这看起来好像很高风亮节，但也会因为下面三个缘由让这一情况并非总是如此。第一，我没有孩子。如果我有个优秀的孩子，而别人的孩子却很糟糕的话，那我就不可能表现得很开心了，不然会让对方觉得我在幸灾乐祸。第二，我的悲观主义。这也是我性格里阴郁的一面。当我确实目睹某人的成功，从而向他人提起的时候，极少看见他人会因为别人的成功而有发自内心的喜悦——哪怕不是个人之间的比较，而是从属于个人的事物，包括子女，也包括师生关系，比如“我的学生太棒了，你的学生呢?”第三，缘于我想象力中的浪漫主义倾向。这一倾向让我总觉得孩子们都是上帝的作品——独一无二的作品，派到这个世上来，是为了让大家幸福快乐，前提是大家也要如此看待孩子们才行，而不是把他们当作父母或老师的附属品或财产之类的东西。

我常常以同样的方式去看待所有人。在我眼里，每个人都是可以审美的对象和艺术品。人不仅是一种可以审美的对象，还是名副其实的“可以为自己代言”的审美对象。我观看人就像欣赏油画、雕塑和乐曲一般。我静静地站在一幅画作前，想知道它的魅力何在，它在诉说着什么。在一群人中，我边看边听，想知道他们为何是这样的人，他们是如何看待世界的。我更喜欢安安静静地去获得知识，而不是做一个馈赠知识的人。当然了，我在课堂上也会连篇累牍地说个不停，但在社交场合里，当我要说话的时候，更倾向于抛出一个问题或给出一个悖论或反讽。这样做的目的在于引出话题，好将谈话以新的方式延续下去。

所以，在别人看来，我是一个很不错的人，知识渊博，也会注意他人的观点，特别是在聚会和讨论小组里。但不幸的是，这样的谦逊也有不好的一面。比如，这会显得我自己缺乏知识的立场和道德的原则。要么，这两者我都有，但却为了举止得体而刻意掩饰下去，这样的得体本身就该受到质疑了，因为这种行为的动因不是源于力量，而是缺乏安全感。这是外国人、访客、移民身上都会有的社会性的不安全感。相反，像玛格丽特·米德那样的人就可以表现得果敢、直率甚至粗鲁，因为她本就是土生土长的美国人。但我却不同，我只是作为一个异乡客在这里待了四十年而已，始终觉得需要审慎地去迎合那些本土美国人的观点。这让我更加明白以赛亚·伯林（Isaiah Berlin）[1]身上的问题，他总是把态度
软下来，去关注对手们的观点，目的是讨好对方。这正是生 77
活在盎格鲁–撒克逊文化中的犹太俄国人身上的弱点。他在

1 以赛亚·伯林（Isaiah Berlin，1909—1997），生于拉脱维亚的里加（当时属于沙皇俄国）的犹太人家庭，后成为牛津大学社会和政治理论教授。——译注

英格兰取得的所有成就和荣誉，以及没有任何不和之音，都只是因为他作品里的力量和独创性吗？还是因为他总是会在争论的场合里打马虎眼——这样的说话方式难道会有一种魔力？[1]

因别人的功成名就与踌躇满志而感到开心，这可能包含了一种不健全的受虐情结。因此，我才怀疑自我不够健全。我的性格里怎么会有这样的受虐情结呢？我觉得这可能是与生俱来的。我的性格从来都没有表现出果断坚毅的一面，总是像个小孩子般害羞，在成年人的世界里保持着沉默，也习惯于默默无闻地尽着本分。尤其是和年轻人待在一起的时候，我总是会克制自己的主张，表现得好像很无主见一样，甚至在我解释一个观点的时候也是如此。这种绅士一样的性格让我显得平易近人，富有同理心，就一位教师而言，这是很好的性格。在我的退休宴上，一位我之前教过的学生回忆起几年前他和我在旧金山的中餐馆吃饭时的情景，其间，我总是不断地劝他多吃点。我很惊讶，他居然还记得这种小事。但在反思后，我觉得，他的这道回忆直指我的性格。我后来发现，我经常和学生们一起去吃饭、喝咖啡，原因是我喜欢他们吃饭时的样子。当他们享用拌着酱料的通心

1 Michael Ignatieff, review of Isaiah Berlin's "The Crooked Timber of Humanity," *New Republic*, April 29, 1991, p. 33.

粉，嚼着胡萝卜蛋糕，身边伴着一堆好书，分享他们迷人的观点时，我就特别享受他们的模样，看着他们的世界观渐渐成长起来。我其实是特别情愿他们来消费我这位老师的。

可如果一个人太缺失了自我的话，也会和天然的自我主义产生强烈的冲突，进而走向反面，那就是非常渴望别人理解自己。我早就看到了这一危险，所以才一直防微杜渐。而为什么一种极度的自我缺失反而会变成一种渴求呢？就我的情况而言，是社会主动强化了我的这一性格倾向。整个社会都在告诉我，自私自利是不对的。当我还小的时候，很想做个乖孩子。典型的中国餐桌，就是一种需要掩饰自我并且举止得体的场合。在此场合里，大家一起享用同一桌菜。我们一家六口人，有四盘菜。但问题却常常在于只有一道菜才是大家爱吃的。虽然我们有仆人做饭，但母亲却是厨房里的明星，结果便是，母亲的那一道菜成为我们四个孩子都极爱吃的，所以总感觉菜不够。

该如何是好呢？最简单粗暴的做法就是在家人反对之前，赶紧霸占那盘菜，狼吞虎咽一番再说。我尝试过了，但发现太可耻。更狡猾的方法是一种心理战术。开始时你可以表现得很克制，于是，其他人受你的影响也会很克制。等到 78
关键时刻，你就可以毫不客气说一句：“既然你们都不想吃这道菜，那我就不客气了。”随即立刻端起盘子，全部倒进自己碗里。虽然我很欣赏这套战术里的审时度势，但却从未尝试过，因为这也不符合我的自我形象。那么，我的做法是怎样的呢？我会品尝那道菜，然后对母亲夸赞一番，然后尽量克制着不去吃那道菜，但同时也不让别人发现我正在克制自己。结果就是助长了心里小小的骄傲。我发现自己性格里存在着一种自我拒绝的需求，一种魔鬼般的缺陷。但公平地说，当我看到自己的兄弟姐妹都在享用母亲的那道菜，尤其是我那贪吃的弟弟时，我也能体会到一种健全的情感在内心里涌现出来。

无私确实可以带来幸福。我努力从童年的经验里汲取教训，减少自虐的倾向。总的来说，这样做还是有所收获的。与其因为别人拥有——配偶、伴侣、孩子、爱情——自己没有而感到沮丧痛苦，倒不如让自己的注意力转向别人拥有的幸福上面，想象性地活在别人的富足里，以此也能让自己获得一丝满足。然而这种替代性的人生也会带来沉重代价，因为它意味着你在自己生命最好的部分里也只能体会到一种有限的满足感而已，而体验不到无限的喜乐感；也意味着你世界的另一侧总有一片阴霾笼罩着。也难怪我会把生命力当成一个偶像来崇拜，甚至经常渴望能冲破一切的生命之光的涌溢和绽放。

在所有生理性的不平等中，人的外貌是最显而易见的。

只要我们看见一个人，心里就会做出判断：他（她）长得好看、一般，或丑陋。相反，一个人的其他特征，像性格、知识、道德涵养，都掩藏在了外表之下，只有在多次接触后才能做出公正判断。而人的外表所具有的象征意义则会将这种不平等放大。该象征意义指向了其他的品质。初见一个人时，我们可能就已经开始在心里下结论了：他 / 她看起来是一个懒散的人，或是轻率鲁莽的人，或是一个谨慎的人，或是值得信赖的人，或又不太值得信任。我们的判断可能会出错——外貌会误导我们——但我们大多数时候还是容易被外貌牵着鼻子走，因为这是最便捷的途径。同时，我们的判断多数时候也基本上是准确的，八九不离十，所以，这也就成了我们的习惯。

前面说的那句很难理解的话，“凡有的，还要加给他，叫他有余；凡没有的，连他所有的，也要夺去”，或许适合用来形容所有的天赋，尤其适合用来形容人的美貌。这项优势会带来别的优势，比如更好的道德评价；而相反，丑陋的外貌不仅是一种负担，还会给人一种邪恶的印象。难怪蒙田 79
会问：“人和人之间的首要差异，也是相互间优势的第一项考量因素，多半在于美貌吗？”[1] 这个观点早在被社会科学家

1 Michel de Montaigne, *Essays* (Harmondsworth, Middlesex, U. K.: Penguin, 1958), p. 199.

广泛讨论之前就已经流行开来了。

把人作为一个审美的对象来看待，会引发道德上的问题。有些人看起来更美，更令人愉悦，这意味着，这些人招人喜欢不仅因为他们更具备美的条件，还因为他们整体上被当作了更优越的人来看待。判断上的失误——理智上的判断错误——可能会影响任何一种偏好，甚至会影响一颦一笑这些细枝末节的偏好，哪怕它们是微不足道的。我曾努力防止这样的错误发生，尤其是和学生待在一起的时候，因为他们会在很大程度上受我影响。为了尽量避免以貌取人，我站在了更高的道德标准上，而不是像中国的父母那样毫不掩饰地对长得漂亮的孩子表现出不公平的喜爱之情。但我的这一努力并不总是成功的。姣好的面容一旦出现，我仍然忍不住会去欣赏；相反，我或许太过于主动地忽略眼目之所见了，那些长得丑陋的人几乎会把我的精力耗尽。

但我也不能太夸大其词地说这个事情。我几乎一辈子都生活在校园里，被年轻人包围着，身心愉悦，很少见到长相平平甚至丑陋的人。每每我在脑海里想象人类的模样时，出现的画面几乎都是身形敏捷的年轻男女。他们（她们）就是我心中的人类形象。但人其实是有着各种尺度和形态的，换言之，人类是高度分异的一个物种，这一事实却被我遗忘或压抑下去了。每每到熙熙攘攘的市中心，我就会深感震惊，因为在那儿，我会遇到各色人等，仿佛身处一个马戏团，或参加一场嘉年华，到处都是怪异滑稽的玩意儿——高矮胖瘦，有些灵活像猴，有些迟缓如象，满眼都是奇形怪状，他们在拙手钝脚和百样玲珑之间变化无方。这一景象值得一看，但是，我却不知该如何与他们对话、交流；甚至不敢想象和他们共处一室是什么滋味。

记得有一回在书店里，我正坐在一处角落翻阅一本艺术类的书籍。一个身形高大的女人忽然悠然自得地坐在了我身边的椅子里。她的模样分散了我的注意力，特别是她穿着一条紧身短裤，白面团般的肉从那里面挤了出来，令我心烦意乱。我无法再专心阅读了，不得不起身离开那儿，既懊恼又羞愧。但她却依然摆出那副安然自得的神气，一点也不觉得自己的穿着审美会影响周围的人。我们是否都能意识到自己的身体外貌对别人的感受会造成什么样的影响呢？显然不会。就像米兰·昆德拉（Milan Kundera）在一本小说里对一个女人的描述：“她的着装令她的后背显得格外沉重、下垂得更厉害。煞白光秃的小腿仿佛乡下人用的大水罐，上面布满了血管，就像一条条蓝色的小蛇团成的球。”小说里的 80
另一个角色阿格尼丝（Agnes）见此情此景后自言自语地说：“那个女人应该穿上一打的衣服来把那些浅蓝色的血管给遮住，也好令她的后背看起来不像是一块大门板。可她为什么不这么做呢？不仅是因为人们已经不在意自己在人群里是否有魅力了，也因为大家甚至开始习惯了审丑！”[1]

审美的标准也会因为文化的差异而不同。中国人一般不会为外表的美赋予太多价值（至少在我的观察看来，他们在公共场合里不会如此）。因为在儒家道德观的影响下，好的行为才显得更重要，而非好的长相。现代美国文化似乎正在高举身体美的旗帜，但是，脑满肠肥的感觉却在超重的群体里渐渐流行了起来，而且不带任何羞耻感，反而在大众眼前不断炫耀着。与之相比，古希腊对人体美的塑造则有着极高的标准，或许他们把人体美同其他优秀的人类品质联系在了一起。美，对于他们而言，具有一种神圣的力量，如太阳一般让人不敢直视。古希腊人，甚至是老人和智者，都会对英俊的青年表示敬意。另外在非洲，特别是在以畜牧文化为主的东非，人的审美观也受到了文化的极大影响。特皮利·奥利·赛托蒂（Tepilit Ole Saitoti）[2] 说道：“在马赛地（Maasailand）这个地方，如果你长得美，就一定要展示出来。在我们的土地上旅居，你经常可以看到勇敢的战士一丝不挂，迈着高傲的步伐前行。”而一旦他们年迈时，就会出

---

1 Milan Kundera, *Immortality* (New York: Grove Weidenfeld, 1991), p. 21.

2 特皮利·奥利·赛托蒂（Tepilit Ole Saitoti，1949— ），坦桑尼亚作家。他出生于马赛地（Maasailand），年轻时长年在塞伦盖蒂国家公园内探险。——译注

于对青年人的尊重而裹上衣物；在公共场合里，更要做到非礼勿视。所以，当赛托蒂来到美国，站在加利福尼亚州的海滩上时，才会大为震惊地望着那些“肌肉松弛、满布皱纹的老年人”居然只披着一条浴巾悠然地漫步，完全不在意周围人的目光。[1]

丑陋的房屋和街道总会散发出死亡的气息，所以我们才想清除它们，或重建、美化它们。但是，倘若人类本身也变成了环境里的丑陋事物呢？我们又将如何改善自己？是否有必要改善自己？是否应该以一种居高临下的道德姿态把时间和资源都花在我们视为外表的东西上面？别人的外貌有时会令我感到愉快，有时却会让我感到难受，所以面对自己这种飘忽不定的感受时，我无以言表；而正因为如此，我才更能体认到自己对他人也存在着一种不公平的态度。有时候，这种感受是突如其来的。刚刚说到在书店里的那个女人，我对她的反应实在是太剧烈了，虽然她只是我周遭环境里的一部分。假如我被一群丑陋无比的人团团围住的话，情况又会怎样呢？记得有一次在明尼阿波利斯市，我在等电梯，想去十楼的公寓。电梯到了，我走进去后，有几个人也跟着走进来，随后，又出现了一堆人你推我挤地涌进来，直到我们每

1 Tepilit Ole Saitoti, *The Worlds of a Maasai Warrior* (Berkeley: University of California Press, 1988), p. 114.

81 个人都动弹不得。电梯门关闭，徐徐上行。我的手臂无法动弹，只有脑袋可以转动。那一刻，是什么让我的心情跌到了谷底？是荧光灯散发的苍白蓝光？是空气里的腐味儿？是那些松弛的胳膊上下垂的赘肉？是一张张苍白漠然的脸上若隐若现的皱纹？是一个个目视前方但空洞无物的眼神？还是一张张紧闭的薄唇？无论如何，同这群丑陋的人挤在同一个空间里，让我惶恐万分，我拼命呼吸着每一口空气，几乎到了失魂丧魄的地步，只想立刻挣脱他们。

如果我是这样看待别人的，那我又当如何看待自己呢？小时候，周围的大人轻拍我的头，表示对我的喜欢和鼓励。随着年岁增长直到壮年，我都还觉得自己的长相属于中等偏上。但虽然如此，我还是会不断猜测如果自己长得不是中偏上，而是奇形怪状、奇丑无比的话，那将会有怎样的命运呢？会对别人造成怎样的影响？又会有怎样的世界观呢？所以，我如饥似渴地读过约瑟夫·梅里克（Joseph Merrick）的故事，他被称为“象人”，由于基因的问题，样貌畸变，他的外科医生弗雷德里克·特里夫斯（Frederick Treves）说他是“自己见过的相貌最恶心的人类”。[1] 梅里克逝世于1890年，但他却出奇地成了一个家喻户晓的人物，并在不同的社

1 Ashley Montagu, *The Elephant Man: A Study in Human Dignity* (New York: Dutton, 1979), p. 14.

会阶层里结识了友人，包括皇室成员。所以到了最后，他的公众形象可以称得上是“华丽”得万人瞩目。人们都期待着能见上他一眼——期待着能见到这位深藏在怪物躯壳里的绅士。所以，梅里克的故事其实并没有解决我的问题。我还是会想，如果我进到一个房间，见到里面全是令人压抑的丑陋形状，让我一下子从欣然平和变成强颜欢笑，会是怎样的境况？

在阿尔伯克基，一件平淡无奇的小事让我发现了自己一直寻找的线索。1962 年，大卫・哈里斯来我校任教一个学期，他夫人和四岁的女儿萨拉随同一起到来。萨拉的性格紧张敏感，尤其害怕听到警车或救护车的鸣笛声。在这个陌生的城市里，她极度恐惧父母不在身边，哪怕是在很短的时间里都会如此。我答应哈里斯临时照看一下萨拉，这样，他们夫妇便可以去看场电影。他们也向我保证，会让萨拉知道我是她的临时玩伴，会时刻陪在她的身边。当我到达他们住的地方时，萨拉已经在卧室里睡着了，哈里斯也已经离开了。过了一个多小时，远处传来阵阵鸣笛，而且离我越来越近，突然把萨拉给惊醒了，她从床上爬起来，又冲进客厅里，以为会见到自己的父母，哪知却只见到了我。她认出我是谁，但却全然不顾眼前所见，露出极度厌恶的神情，号啕大叫了起来。

在所有最可怕的噩梦里，最让我感到被冒犯的就是因自己的相貌被他人厌恶，就像弗兰肯斯坦（Frankenstein）的
82 怪物一样。这样的噩梦不一定只在睡梦里出现，也可能出现在醒着的时候。比如，当我半夜时分还清醒着，但感觉不舒服的时候，就会问自己，如果我在睡眠中死去，谁会发现我的尸体呢？更严重的问题是，什么时候才会发现？这个问题在暑假期间变得更为严峻，因为那时我没有课，也没有人会来我办公室里。有一位家政服务员每隔一星期来我公寓打扫一次房间。那么，她会是那个发现我尸体的人吗？想着想着，焦虑越堆越高，甚至变成了极度的恐慌，弄得我不得不赶紧翻身下床，因为这样的事情即便今天不在意，总有一天会在意的。有一次我真的做了这个噩梦，梦见自己死在了床上。房间里的空气变得越来越热，尸体开始腐烂。我就一直等着、等着，期待有人发现我。最后，我听见了外面房门的擦刮声，是那位家政员来了。我赶紧翻身下床，想去警告她做好心理准备。但是，天啊！如果她突然看见一具尸体蹿出来和她打招呼，那会是怎样的情景！

我在第二章里说过，和其他人不同，我的人生是从童年的公共世界迈向了成年的私人世界。所以我的成长经历就像从宇宙走向了炉台一般，而不是反过来的。我和其他人的另一个不同之处在于：在亚洲社会里——比如印度和中

国——男人年轻的时候就应该热衷于江山和美人，一旦上了年纪、心境变得恬淡，就越发亲近自然，在自然中体验美感和乐趣。但我的人生经历却不是如此的。我年轻的时候就特别青睐于自然之美。毕竟，我是个地理学者，年轻时曾在沙漠和潮湿的热带地区做过田野调查。我的肉体也曾盈满过冲动，但这些冲动却化为一种异乎寻常的能量涌向了大地的神秘和美感。

在 50 岁的时候，我体内的机理肯定发生过一次变化。从那时起，大地上的壮观景色，像高山、平原、城镇、古色古香的店铺、高耸入云的大厦等等，都无法再激起我的兴奋感了，它们变成了我思考的对象。甚至作为一名地理学者，我的兴趣点也越来越转向了观念和概括性的事物，而非具体独特的事物。进入中老年期，那种想要四处旅行、看大千世界的冲动消失了，因为我已经看过了这个世界，尽管不是全部，但我可以问：再去更多的地方意义何在呢？难道我真的需要去看看月光下的泰姬陵或朝霞里的喜马拉雅山吗？没有这些经历，我的人生就不完整了？进入中老年后，我惊奇地发现，自己竟然变成了一个希腊人，像苏格拉底或柏拉图那
样的希腊人，使得我的激情朝着极致的美奔流而去。这样的 83
美包括上方的天堂和地上的人类个体，而不再是那些中间尺度的可爱事物——社会、景观和地方了。

当然，苏格拉底不会使用文绉绉的词语，他不会说“人类个体”，而只可能说“男孩子”。在古希腊社会，同性之间的相互吸引是比较公开化的。而在我们社会里却不是如此，尽管同性恋群体在法律和社会里的接受度在不断提高。但我仍十分相信的一点是——尽管此观点让支持同性恋的政客们难以接受——无论社会变得多开明，同性恋都将被持续看成是特殊的，不仅就整个社会而言，就连同性恋者本人也将如此。只要他们曾经被多数人指为异类，而且他们以各自的方式觉得自己不同于普通人的话，那么这些人终将无可避免地沦为特殊群体（但并非特别优秀的那种特殊群体），并感到有那么一些不自在。相反，只有属于常态或令人钦佩的特殊群体（比如军人）才会让人觉得轻松自在，才不会产生防御心理。然而，与其他少数族裔、文化群体和种族比起来，同性恋者是让人觉得最边缘的群体。他们总体相似度最低，并具有一种乌托邦式的情结，因为他们的对立面不仅是普遍的生理现实，而且这种生理现实还夹杂了太多的文化成分，这些文化成分的声量在不断变大，人们对其投入的技术和热情也在增加。

在生理上，人类是借助夫妻关系来繁衍的物种，他们（她们）的身体也是依据此目的而生成的。在文化上，大多数人在任何时候、任何地方都在庆祝着异性之间的爱情与结合。几千年的艺术、音乐和文学，以及到现代才出现的电影、电视剧都在传达着同一个信息——罗密欧和朱丽叶相互拥抱时的自然而然、琴瑟相和。那么，倘若一个爱慕男性的男子在读到约翰·厄普代克创作的异性恋的欢乐颂时，怎么可能会没有一丝格格不入的感觉和难过，没有渴望抗议的冲动——但同时又觉得如果抗议的话会显得有些过分，进而犹豫不决呢？

> 晚上，我打开电视看奥运会的花样滑冰比赛，被双人滑中男女运动员的那种本真的诗意所折服。每个性别都有各自的身形特征和生理角色，但又相互搭配、彼此互补、共享愉悦、相辅相成，一起构成了同一个物种。他们就像一对伴侣从冰面上轻快掠过，彼此缠绕在一起，一种源于远古动物性的纯真生命力蓦然涌现出来，继而可以追溯到藻类和植物产生出两性分异这一里程碑，令我欣喜若狂，欲高声欢呼，全然沉浸在了滑冰选手、人类和自我三者促成的不能自已当中，仿佛一股暖流从巨大而昏黑的寒冷空间里勃发而出。[1]

1 John Updike, *Self-consciousness* (New York: Knopf, 1989), p. 251.

84 在澳大利亚上学的时候，我被一个男孩子吸引了。这件事并没有让我警惕自己的性取向，因为其他男生，特别是年长的男生也被他吸引了。我现在都还记得那位校友。他长得比我们大多数人都年轻，容貌柔和纤弱，但并不娘气。他的朱唇皓齿经常微微张开，又面若桃李，美目盼兮，金色的头发蓬松着。但是，我的心绪却萦绕在了另一个男孩子身上。他拥有一股运动员般的时尚美型，就像一台加满了油的运动机器，和前面那个男生不是一个类型的。那时候，我简直无法说服自己，认为这样的爱慕只是对女性渴望的一种替代而已。有一次，他来到我的课桌边，我们聊了一会儿。他伸出一只手掌，让我把手也放在那上面，我照做了。他只简单地说道，我的手很小，像个女孩儿的手。之后，仅此而已，也没有发生欺辱和霸凌。1946 年，我父亲调动工作到马尼拉，我坚持要随同母亲和妹妹和他一起去。与另外两个兄弟不同的是，我丝毫不愿继续待在这所男子学校里当一名寄宿生了。我也无法解释其中的原因，只是预感到，如果继续待在这样的环境里，那股诱惑或者诱迫（或两者兼有）——一种害怕到难以言状的情感——将毁了我自己。那年我刚15 岁。

男人总是会望眼欲穿地面对女人，要么垂涎三尺，要么满怀钦佩。在西方社会里，男人（也包括女人）可以自由地颂扬女人的美貌，但反过来却不常见——但现如今因为性别解放运动，女性也可以毫不羞涩地向男性献殷勤，也可以毫不在意地评价男性的身体魅力了。而在私人的书面文字里，女性就不再显得沉默谨慎了。毕竟，不管社会风俗是否认可，女性被男性吸引都是一件合情合理的事。我还曾经常羡慕过她们拥有的这种自然权利。爱丽丝·亚当斯（Alice Adams）[1] 写道："在（灰狗巴士）的过道另一侧，我注意到一个年轻英俊的男子。我从未见过这样的俊美。他睡得正香，是一个金灿灿的男孩儿：金色的头发、褐色的皮肤，大而美的手轻轻地搭在膝盖上，修长的大腿穿着一条柔软而漂白的牛仔裤。我几乎不敢直视他，如果我盯着他看的话，可能会把他惊醒。那时候，他会在我脸上看到的，绝不是情欲，而是对他完美长相无边无际的倾注，就仿佛他是一尊黄铜色或黄金的雕像一般。"[2]

我之所以一直阅读女性作家埃利斯·彼得斯（Ellis Peters）[3] 的"卡德法尔修士"（Brother Cadfael）系列小说，是因为里面有英雄般的年轻男子。在其中一辑里，卡德法尔

1 爱丽丝·亚当斯（Alice Adams，1926—1999），美国小说家。——译注

2 Alice Adams, "Greyhound People," *New Yorker*, January 19, 1981, p. 40.

3 埃利斯·彼得斯（Ellis Peters，1913—1995），英国小说家。——译注

的私生子被描述成“玉树临风、一表人才”的形象。[1] 在创作这个系列的另一辑小说时，彼得斯已经 70 多岁了，她让自己处在一名年长女性的视角去小心翼翼地观察这位年仅
85 18 岁的骑士护卫——卡德法尔：“他矗立在插着旗子的壁炉前，壁炉里烈焰腾腾。他的一条胳膊上挽着斗篷，兜帽垂在手边。火光把他轮廓分明的脸照成了金黄色，显得英气逼人……唇红齿白处露出令人迷醉的微笑，显露出他心底至深的快乐。亚麻色的发丝垂向脸际，又在颈背处娴雅地蓬松着，这便是年轻男子最美的极致。”[2]

海伦·凯勒（Helen Keller）[3] 也写过类似的狂热颂词。她以一种诗性的精妙感知弥补了自己的失明：“与女性的呼吸大为不同的是，男性的呼吸通常强烈而充满生机。年轻男子的体味总是蕴含着一股强大元素般的，如同火焰、风暴、海盐一样的味道，并有着激越而起的躁动。它显现出了所有强壮、美丽和愉悦的事物，并给予我的身体感官以巨大的快乐。”[4]

86 多萝西·戴（Dorothy Day）[5] 也强烈地表达过女人对男人

1 Ellis Peters, *The Pilgrim of Hate* (New York: Mystery Press Book, 1997), p. 120.

2 Ellis Peters, *The Confessions of Brother Haluin* (New York: Mystery Press Book, 1989), p. 191.

3 海伦·凯勒（Helen Keller，1880—1968），美国作家、社会活动家。——译注

4 Helen Keller, *The World I Live In* (New York: Century, 1908), p. 75.

5 多萝西·戴（Dorothy Day，1897—1980），美国作家。——译注

的爱慕之情："作为一个妻子和母亲，我几乎每天都爱慕着他。我爱他所知晓的一切，又同情他所不知的一切。我爱他从毛衣口袋里倒出的各种零碎物品，爱他打鱼后带回来的泥沙和贝壳。我爱他躺在床上呼吸着大海味道时那个精瘦的身体，也爱他的正直性格和他固执的骄傲。"[1]

亚历山大·冯·洪堡（Alexander von Humboldt）逝世于1859年，享年90岁，终生未娶。1959年，我刚好在巴拿马城参加一个洪堡逝世一百周年纪念的公共讲座。1966年，加利福尼亚大学洛杉矶分校地理学院也让我来作一个开幕式演讲——这个开幕式是为一个以洪堡为主题的系列讲座预热的。我很乐意地接受了，因为这给我提供了一次机会，得以重访心中的这位伟大人物。在我心中，亚历山大·冯·洪堡之所以伟大，原因很明显：他是现代自然地理学的奠基人，而我事业的起步便是自然地理学。他还对大地测量的发展做出过卓越贡献，并首先运用绘画和诗歌的方式开拓了人的地理经验——感受、情感和观念，而这些正是人文主义地理学的起点之所在。人文主义地理学是我学术成熟阶段的研究重心。同时，我也钦佩洪堡身上那股源源不断的生命力（又是生命力），一种我显然缺乏，但对取得卓越成就而言必不可

1 Dorothy Day, *Long Loneliness* (New York: Harper, 1962), p. 148.

少的品质。洪堡年轻时就已涉足南美洲的热带地区，在难以想象的广袤领域里探险。到了 60 岁的时候，他依然精力不减，甚至穿越西伯利亚和中亚地区两万英里去探求新的科学知识。

但洪堡身上有一个特点引起了我的注意。他为什么不结婚呢？他是一个完全具备结婚条件的人——英俊，高贵，有学识，是著名的科学家。他也绝非一个排斥社会之人。他在巴黎经常出入各种沙龙和社交场合，身边也围绕着众多女性仰慕者——人们觉得，女性的陪伴可以疗愈孤独，比如一个人走在街上或待在房间里写作的时候。但答案却刻在了他的性格里。在卡洛琳（Caroline）写给她新任丈夫威廉·冯·洪堡（Wilhelm von Humboldt）的文字里谈道："亚历山大只能在与男性有关的事物里获得启发。我相信时间会证明我的这一观点是正确的。"威廉·冯·洪堡是比亚历山大年长两岁的哥哥。亚历山大 21 岁时，偶尔会在嫂子面前开开玩笑，说自己爱上了一个比自己大 40 岁的女珠宝商，而她也爱着自己，因为自己长着一个光滑而发亮的鼻子。但是卡洛琳并不傻，她知道亚历山大爱慕的其实是男性。凡是收到亚历山大信件的仰慕者，也都会极力掩饰他们对亚历山大的爱慕，就像当今学界都不愿意让这位享誉世界的伟大科学家染上污点一样——休·特雷弗-罗珀（Hugh Trevor-

Roper）[1] 曾称他是“最后一位博雅之士”。

亚历山大·冯·洪堡曾三次受困于（没有比“受困”更 87
好的词来形容他的经历了）颇深的感情纠葛。第一次是在青少年时期，他遇到了心仪的对象——威廉·加布里埃尔·魏格纳（Wilhelm Gabriel Wegener），一名和他年龄相仿的青年，钟情于神学。他们一直形影不离。当环境迫使他们分开的时候，洪堡接二连三地给他写信，表述自己的一往情深，欲与他长相厮守：“自从 2 月 13 日，我们许愿说要把这样的兄弟之爱一直持续到永远时，那一刻，我只觉得周围再没有谁能给予你所能给予我的一切了……当我反复思量对你的思念，渴望获知你的消息时，我确信没有任何朋友之间的爱可以超越我对你的爱。”洪堡还鼓励他研究植物和矿物，这样，好在将来某天一起去环游世界。[2]

而更为热烈的一次情感事件出现在他 25 岁那年，当时，他已经是一位功成名就的科学家了，在探矿和科研领域里都颇为卓越。他心仪的对象是一名不起眼的步兵中尉，比自己年轻 4 岁，名叫赖因哈德·冯·哈夫滕（Reinhard von Haeften）。当 1795 年哈夫滕结婚时，洪堡举办了一场盛大的

1 休·特雷弗-罗珀（Hugh Trevor-Roper，1914—2003），英国历史学家。——译注

2 Helmut de Terra, *Humboldt: The Life and Times of Alexander von Humboldt, 1769–1859* (New York: Knopf, 1955), p. 27.

宴会，好像他自己才是那个要宣誓婚约的人一样。之后的一年里，他在拜罗伊特（Bayreuth）[1]的生活几乎每天都围绕着这对夫妇打转。后来，要维持这样的亲密关系变得越来越困难了，他自己也不可能一直待在这座城镇里。1797 年 1 月，在严冬的某一天，洪堡绝望地意识到这位朋友迟早会离自己而去，于是他写下了一生中最动情，也是最充满情爱的一封信：

> 两年前，我遇见了你，从此，我们的命运系在了一起。我依然珍藏着那一天，你第一次对我吐露心意的那一天，又说，那一刻你获得了多么大的安慰。有了你的陪伴，我的日子变得不同，之后，我黏着你，就像锁链一般牢固。即使你要拒绝我，冷冷地看待我，就像看一个污点似的，我依然想和你在一起……我从来没想过要和你分开，我感谢命运，能让我在死前体会到两个人对彼此的生命有着怎样的意义。日子一天天过去，我对你的爱和依恋却与日俱增。两年来，我对世上任何事情都提不起兴趣，心里想的全是你的快乐，你的陪伴，和你自己都毫不在意的那些满足。我对你的爱已不再是一种友情或兄弟情谊了，而是一种

1 拜罗伊特（Bayreuth），德意志联邦共和国东南部城市。——译注

> 崇拜，一种单纯的喜悦，甘愿降伏在你的意志之下，仿佛你才是最高的律法。[1]

第三次情感纠葛出现在1809年，40岁的洪堡遇见了比自己年轻得多的天才物理学家，弗朗索瓦·阿拉戈（François Arago），他们在科学和自由主义政治领域有着共同的热情。在洪堡充满钦佩的目光中，这位年轻的朋友显得
既独特又无畏。再一次，洪堡发现自己又处于被征服的地位 88
了。于是，他，这样一位享誉世界的科学家，要么等待对方，要么讨好对方。每一次收到从对方那儿寄来的哪怕很简短的一封信，或是多日不见后的一次短暂的会面，洪堡都会开心得不得了。毫无疑问，阿拉戈这一方也是真诚地喜欢着洪堡，但是，他却没有那么多时间来培养彼此的友情，因为，除了繁忙的科研工作和政治活动以外，他同时还是一个顾家的男人。洪堡真是可怜，他们不具备在一起的条件。到了老年，洪堡依然思维活跃，不断收获着来自各方的荣誉和尊敬。只是在感情问题上，他不得不在一段段零碎的关系中寻求满足。[2]

---

1 Helmut de Terra, *Humboldt: The Life and Times of Alexander von Humboldt, 1769–1859* (New York: Knopf, 1955), pp. 66–67.

2 Douglas Botting, *Humboldt and the Cosmos* (New York: Harper & Row, 1973), pp. 195–197.

1997 年 2 月 7 日，我做了关于洪堡的讲座，其中没有谈及任何关于“心路历程”的话题——这是一个比较俗套的词汇，我故意借此来言及浪漫和情爱之事。我没有涉及这些事，是因为我想把重心放在洪堡的地理学贡献上，直接谈到了他的研究工作和卷帙浩繁的著作，以此来鼓励年轻的科学家，并鼓励人们去研究他那个时代的自然科学探索与政治建设。但在讲座的结尾处，我还是忍不住说道：尽管洪堡一生收获无数，受人赞誉，但他还是缺失了“一项人人与生俱来就享有的权利——可以在睡前和爱人一起吃点心”。[1]

当然那时候，我想到的不仅是洪堡这一个人。当我讲述他的情感经历时，我心里想到的其实也并不是他。在我的人生里，毫无疑问我自己才是主角。我没有细讲自己的情感经历，是因为我希望能在心理上准确刻画自己究竟是怎样一个人，而不光是坦言自己在人生某个时期的某件往事而已，尽管它们也曾激起过我情感的波澜。我尝试着向诗人学习，是他们教会了我如何去捕捉人的情绪、感受、亲密或崇高的体验，那么，这就需要求之于间接的手法。我经常运用间接的手法来写作，也有另一个原因：这样的手法在我和所爱的人与物之间留出了距离，而我认为这样才是恰当的；哪怕是

---

1 Yi-Fu Tuan, *Alexander von Humboldt and His Brother: Portrait of An Ideal Geographer in Our Time* (Los Angeles: Department of Geography, University of California, 1997), p. II.

我极度渴望拥入怀里的人，我也期望与之保持一定距离。为什么一定要有这样的距离？原因很简单，因为，与其说我是个中国人，不如说我是个希腊人，而且是公元前 5 世纪的希腊人，那时候正崇尚青年人的美；还有另一个更吸引人的美，那就是宇宙之美。

如果离开了宇宙，或准确地说，离开了和谐自然和人类极致成就所带来的喜悦，我的人生将变得悲惨，活不下去。所以，地理学拯救了我。我可以自然而然地看见外面世界的严酷和丑陋，就像窥见我自己内心世界里的混乱无序一样。我甚至相信，自己的悲惨，自己无法改变的社会次等身份，以及外人对我的接纳，都得以让我洞察人类的悲惨，特
别是那些零散破碎的少数群体里的悲惨景况。但是，我却不 89
愿久待在那些阴影里——包括自己内心的阴影和世界的阴影。而我是否又在另一个方向上走得太远了——是否太过分沉溺于宇宙之美了？我是一个逃避主义者吗？我是否常把自己放在了一束光里，去表达人性中那些可能是最乐观的一面，并提醒周围总在关注事物阴暗面的饱学之士们：这个世界上依然存在着美与善的事物？其实我并不知道，又有谁知道呢？

第五章

地理学拯救了我

1951年10月，我离开巴黎的家去到伯克利读研究生。90
那年夏天，我生了一场病，胃里翻江倒海，没有胃口，只能勉强吃一点东西。我咨询过好几位医生，然后去医院做了一次全面检查，查不出任何问题。我脑子里时时刻刻想的都是这件事。我是个不成熟、被娇惯了的20岁的孩子，要离开父母的监护，独自一人去异国他乡生活，这令我焦躁不安。但我又不愿承认这一点。到了纽约港，停船靠岸的地方，按照约定，我给父母发去一封电报，说自己已经平安到达了，然后又补充了一句："到了这里，我很开心。"这简直是在胡说！我觉得实在是悲惨至极，但嘴上还说着"我很开心"的话来给自己打气。哪知，竟然还有点效果，比先前感觉好一些了。

我乘坐火车穿越广袤的大陆。那个年头，乘火车仍然是最主要的旅行方式。从纽约到芝加哥的这段旅程，没有给我留下多少印象，但接下来从芝加哥到伯克利的这段旅程则是一次全新的体验。这是一趟新式列车，配有时尚的观光车厢。我在英国念地理学的时候，读到过大平原和落基山脉，但书本还是难以传达出那一刻呈现在眼前的壮阔景象。我特别欣赏这列火车的设施，舒适的座椅、宽敞的空间、整洁的车厢。但同样是在这辆列车里，我第一次遭遇了不公平的待遇。

大约是在中午时分，我待在舒适的氛围里，忽然感到有些饥肠辘辘，乘务员开始在走廊里来回穿梭，手里摇着一个铃铛通知大家去用餐。我离餐车有点远，当我到那里的时
91–92 候，已经没有空着的座位了，而前面还排着很长的队。乘务员时不时来到队伍这边叫几个人，一起去到那边空出来的座位上用餐，很有秩序。但他却偏偏从我身后挑选出某些人故意插队到我的前面，先于我去落座，那一刻，我明白，自己遭遇了歧视。原因很简单，我在他的眼里一文不值，所以，去给那些有钱的乘客提供优厚待遇才是值得的。而我又必须压抑住自己的愤怒，因为乘务员手上有权力，而我却没有选择。但奇怪的是，我并没有在乘务员和我之间看到种族差异，他是黑人，而我是黄种人，其他乘客是白人——估计正是因为白人才引发了歧视。

当偏见发生在别人身上的时候，大家都能看见，就像芝加哥国际公寓里的黑人女佣。但当发生在我身上时，周围却置若罔闻。我之所以被忽视也是因为我的肤色。到了 20 世纪 70 年代以后，一切才都改天换地了。蔓延全国的社会运动，提高了人们对肤色的重视，所以，我现在会对每一个污蔑或轻视的行为随时保持警惕——这一点，请白人朋友们小心了！这是否会提高社会的和谐度，增进人的幸福感呢？我也不清楚，并且持怀疑态度。

继续我的故事。经过两天的跋涉，我穿越了美国广袤而开阔的地域，这样的空间感让我深感自由，这是在英格兰紧凑狭小的地形里体会不到的。之后，我到达了伯克利，刚安顿下来就去见了导师约翰·凯塞利（John Kesseli）[1]，他是一名德国瑞士裔的地理学家。那时我还不懂得加利福尼亚州人的习惯，竟然穿着一件外套、打着领带去见他了。凯塞利开门见山就对我说："其实你并不是真的想学地理学，因为我了解中国学生，他们来加利福尼亚只是为了享受阳光而已。如果你见到他们在为高学历而奋斗，那也是为了日后能回去干份轻松的工作而已。"短暂的沉默后，他又以一种更加个人化的方式接着对我说："你想成为一名地貌学家吗？瞧瞧自个儿的模样吧（他其实是在说我的外套和领带），你并不适合跑野外这种艰苦的工作，一看就是一副四体不勤的样子。"当时我惊诧不已，冲到同学那儿去寻求建议和安慰。其中有个名叫汤姆·帕根哈特（Tom Pagenhart）的高年级同学一只脚踏在饭桌上，听了我的讲述后说道："不用担心，凯塞利说话是让人很不爽。等你真正了解他之后，就会知道，他的内心其实就是一块——石头。"石头！我依然清晰地记得在这晴天霹雳般的词语落下来的前一秒，他暂停的语

1 凯塞利（John Ernest Kesseli，1895—1980），美国地理学家。——译注

气是多么文雅。我很欣赏这样的才智。尽管我怀揣着一股不祥的预感，但我知道，一切都没事，并且我还来对了地方。不消说，在粗糙的外表下，凯塞利有着一颗金子般的心——这个俗套的比喻恰如其分。

伯克利的生活让我感到很开心。我的智力也渐渐开发
93 了出来，好像它从未被开发过似的。15 岁的时候，我选择了地理学；十二年后的 1957 年，我获得了博士学位，结束了漫长的学生生涯。此后，我不仅教地理学，从事地理研究，它还成为我生活乃至生命里的一部分。地理学，作为一门紧贴大地的学科，如何能融入我的生命，并且还一次次将我从生命的幽暗时刻里拯救出来？之前，作为一名青年，一名新鲜出炉的博士，我都无法回答这个问题。只是人生走到了后面，经过反思，才找到了答案，因为地理学的意义是在一生的跨度之中不断丰富起来的。换言之，我在成长，它也在成长。

在其他学科的教师看来，我所从事的地理学也让人困惑不解。在教师联谊活动里，有人问我："你为什么是一名地理学家，或者，你为什么要称自己是地理学家？"这个问题很奇怪，无法想象一位历史学家或政治学家会被问到这样的问题。可能是我的长相没有说服力，因为直到如今人们都还觉得地理学家都应该长得像罗伯特·福尔肯·斯科

特（Robert Falcon Scott）[1]或印第安纳·琼斯（Indiana Jones）[2]一样，像一个强健粗犷的探险家。事实上，我在读本科的时候，牛津大学或剑桥大学里的地理学教授的确都生着一副探险家的模样。同时我还觉得，这个问题也缘于我的著作的名字，像《道德与想象》(*Morality and Imagination*)、《穿越诡异与雄奇》(*Passing Strange and Wonderful*)、《宇宙与炉台》(*Cosmos and Hearth*）以及《逃避主义》(*Escapism*)，很难让人马上想到这些作品是出自一位地理学家之手。[3]

对抱有这些疑问的人，我会用三种方式来回答——根据提问场合的正式性来选择回答的方式。当人们只是在社交晚宴上顺带提一下这个问题时，我会说："当我还小的时候，就经常和家人一起旅居各处，旅行是最能激发一个人从事地理学的欲望的。"很遗憾的是，这种懒人般的回答竟能满足大多数人的期待。第二种，也是我深思熟虑后的回答，是这样的："我总是被一种不同寻常的恐惧所笼罩，那就是迷失方向。当然，没有人想要迷失方向，但这种恐惧在我这里就

1 罗伯特·福尔肯·斯科特（Robert Falcon Scott，1868—1912），英国军官、探险家。——译注

2 印第安纳·琼斯（Dr. Henry "Indiana" Jones Jr.），美国系列电影《夺宝奇兵》(*Raiders of the Lost Ark*）里的虚构人物，探险家。——译注

3 这一章是在以"A Life of Learning"为题的主旨演讲基础上做的大幅扩展。American Council of Learned Societies Occasional Paper no. 42, 1998.

有些过头了。我觉得，这给人带来的不适甚于身体上的病痛。当人迷失方向的时候，就是六神无主之时，你不晓得该如何选择脚下的路，哪条路会更好，就连前进还是后退都拿不定主意。生命，缺失了方向感，便心无所向。所以，当我还很小的时候，就认定自己要做一名地理学家，这样才不会迷失方向。”我相信，地理学家总是明了自己身处何方。他们总是携带着一幅地图，放在背包里，或藏在脑海里。

孩提时期，我心中的英雄是夏洛克·福尔摩斯。之所以钦佩他，是因为觉得他是一名超凡的地理学家，因为他从来不会迷失方向，不管身处伦敦或芝加哥的背街小巷，还是
94 身陷犹他州或西藏的荒郊野外。同时，福尔摩斯在任何场合里都能泰然自若：无论是在公爵夫人的画室，还是在摩门教徒的厅堂，抑或身处一间鸦片馆，他都能表现得行为得体。这是我最钦佩的地方，因为就像大多数年轻人，我在面对社会的繁杂情况时也会手足无措，如同我面对地理学里的繁杂情况时一样。这样的迷失感严重影响了我对环境的喜好。不同于很多人，我更喜欢美国的城镇，因为它们都有着横平竖直的街道，而不像旧时欧洲的城镇，到处都是迷宫般的逼仄小巷。后者对于初来乍到者并不友好，需要待很长一段时间后方能感到安然自在。而相反，美国城镇开放式的网格布局就仿佛在说：“欢迎你，陌生人。”也出于同样的原因，我讨

厌热带雨林——除非你是当地人，否则必定迷失方向。我更中意的是沙漠，因为沙漠就像一张摊开的地图，有太阳作为指明方向的可靠标记，还有严重风蚀的地貌——远远几英里外都能望得见——能为到访者准确指明所在之处。

但我厌恶热带雨林而喜欢沙漠还有更深层次的原因，不仅是方向感那么简单。潜藏在喜爱与厌恶这些表象之下的是最基本的生死问题。在热带雨林里，我所见所闻全是腐烂的气息。而在沙漠里，虽然不见生命出没，但却纯一不杂。我时常会拿环境主义者开玩笑说，和他们不同的是，我才是更加纯粹热爱大自然的人。这里所谓“自然”是指作为行星的地球本身，而不仅是表面的那些生命，当然也包括了整个宇宙——它总体上讲几乎没有生命可言。

所以这就涉及对之前那个问题最正式的回答了，“你为什么要当一名地理学家？”之所以当一名地理学家是因为我总想知道存在的意义何在，这听起来有些神经过敏了。我渴望知道生命的意义是什么，我们在这里究竟做了些什么。但这些问题同地理学又有什么关系呢？宗教研究和哲学都比地理学更具备这方面的洞察力。关于这些问题的答案将是本章接下来的内容。这是很私人层面的东西，适合在自传里娓娓道来，但也能表明地理学能把人带向一个地方，就连见多识广之人（地理学的学术工作者）大都不敢朝着这个方向去冒险。而走上这一条与众不同之路的缺点却又是，它让我成为这个学科里的一个怪人，而在过去五十年里，我已把这个学科当成了自己的家。

那么，回到关于存在意义的大问题上来。生命的意义到底是什么？当孩童临近青春期的时候，都会产生这样的疑问；而在日后的生命阶段里，他们反而会更加重视当下的和实际的问题。但我的经历却与此不同，我是到了更大的年龄段才产生这些疑问的。为何会如此？而我又为何不能将这个没有答案的问题像别人那样抛诸脑后呢？我想，其中的原因是天生的，所以在别人看来能轻易放下的烦恼，却在我的身上纠缠不休。我常常为此精疲力倦，有时却又觉得异常振
95 奋。比如死亡，它不仅客观存在于世，它还是人的主观命运之所在。孩童有时候会想起死亡的问题，但好在，他们也会随时忘掉它。而我却不同，我总是会被这一梦魇般的逻辑纠缠不休，由此，“我是必死的”这一现实成了我人生的底色。12 岁的时候，我做了第一个哲学般的梦，梦见自己活着的必然结果就是——终有一天会死去。我挣扎着想从这梦魇般的逻辑里逃离出来，获得自由，但一切都徒劳无功，逃离本身亦演变成了一场噩梦。似乎，当我知道这只是一场梦，现实中的每一天都会迎面而来时，才倍感轻松？非也，恰恰相反，我确实正活着，无可辩驳，而可怖的结局——死亡——

却也如影随形。

所以我现在比以前更清楚沙漠对我而言为何会有如此魅力了，不仅仅是因为它清晰的轮廓和方向感，还在于它的荒芜，它的空缺，能让我把性爱、生命与死亡这些元素从生命中暂时抹除。相反，热带雨林有令人感到窒息的生长、繁衍和挣扎，腐烂的气息逼人心魄，它带着辛辣的性欲渗进了我的意识里。

我厌恶热带雨林还有另一个原因所在——对个体的威胁。死亡，意味着个体的消亡，再次融入没有差异的整体之中。热带雨林凭着过剩的生命力拒绝着个体的存有。在那一团生命里，没有植物、动物或个人是独立存在、显眼夺目的。但在沙漠里，每个生命都与别的生命有着空间上的分离，个体也能因其自身而感到自豪起来。在沙漠里，我会觉得自己太过显眼，犹如一根孤独的棍子在地面投出轮廓分明的影子。那一刻，我若遇见另一个人，一定会望着他，独一无二，珍惜无比——衬托着背后的荒漠与天空，他显得美丽而清晰。

在整个童年、少年和青年时期，我一直纠结于内心的个体情结——与他人的分离。它时常让我活在骄傲与痛苦相互冲突的情感狭缝里。“我是谁?”这个问题，成了我如何才能被社会认可的根本问题。小时候，当别人笑我细皮嫩肉时，我会更加在意自己，在意自己与其他孩子的不同，并伴随着性意识的觉醒。为何我不能像其他男生那样，一起打打闹闹还能乐在其中？为何我捕捉不到男生辈段子里的那些梗？牛津男子学院加深了我的孤独感，让我觉得自己更与众不同了。为了学院的利益，我接受当赛艇舵手这一任务。一个小个子的中国人居然会坐在赛艇的一端，朝着八个人高马大的英国人发号施令，这令人十分诧异。

在加利福尼亚大学伯克利分校，我的导师称我是“生
96 着一副中国人长相的英国人”。他很喜欢这个说法，经常挂在嘴上。所以，这就像是在对世界宣告，我是一个戴着面具的人。其实在这副面具后边的，并不是一个英国人，或者一个受人尊敬、已经适应当地文化的人。要是这样就好了！我的同学，也是我很羡慕的那些人，都不用戴着面具过日子。在这个新世界（加利福尼亚）里，他们就是一个整体，牢牢地依附于这个文化和社会，可以自然而然地就橄榄球和美女侃侃而谈，而这两样东西现在都和我不沾边，大概以后也与我无缘。我渴望同这些美国人谈天说地，但似乎我只能借着一些社交技巧、适度的伪装和肢体语言才能做到，要么，我就只能运用一些地理学的学术语言来实现交流了。

因为总是自省，去思考自己究竟是怎样一个人，所以，我不得不在某一天开始尝试写一本自传。多年前，我已准备

好——尽管当时并不知晓——写一本关于共同体与自我的书，在非个人的层面上去探讨身份与个体性的问题。书名叫做《分隔的世界与自我：群体生活与个体意识》(*Segmented Worlds and Self: Group Life and Individual Consciousness*, 1982)。我简单介绍一下这本书的主要内容。

众生中唯独人类拥有自我意识。它如何作用于个体的发展，它同必不可少的隐私之间究竟有怎样的关系？个体的自我意识发展会对社会凝聚力和群体生活造成怎样的影响？ 97
这些问题肯定会吸引地理学家去思考，因为自我意识和个体意识的增强会引发空间的分隔，而分隔开来的空间又会强化个人的隐私。这样的空间还会导致个体的孤独，导致人的行动和思想的分离，并需要通过持续的交谈来了解彼此的世界。在写这本书之前，我一直觉得，自己需要增加关于从中世纪到 19 世纪末的欧洲房屋的知识，重点关注房间的数量与布局，其背后的意图是什么，并将这方面的历史变化同自我意识的发展史结合起来。

看起来这是一项很有意义的研究。但一两年后，在不断阅读和写作的过程中，我变得缺乏信心了。因为摆在眼前的将是长达十年左右的艰苦跋涉，在此过程中，我可以搜集大量素材，但在理解上会略显不足，因为我的视野相对比较固化。但当我准备放弃就房屋与个体性的关系的研究时，突然想到这个部分可以放到更大的背景里去，产生更大的共鸣。也就是引入两个额外的因素，其一是食物和用餐，其二是剧场。

中世纪的庄园只有一个大厅，它是中心区域，内部空间没有分隔，因此所有的活动都可以被他人看见。人们吃饭就像动物一般，用巨大沉重的柄，搅一大锅乱炖，不注重食材的搭配。中世纪的生活是公开而合群的，人们尽情享用着食物，餐桌礼仪与禽兽无异。大家都缺乏可以容身的隐蔽之处，而他们似乎也并不在意这个。人人都有很强的自我感受，但又缺乏自我意识。

显然，我无法在此追溯房屋、饮食、餐桌礼仪中千丝万缕的历史，但我得到的本质是清晰的。到了 19 世纪末，欧洲的许多房屋都实现了最大程度的分隔和专门化。每个房间都有专门用途，包括独处、阅读和思考的房间。同时，饮食上也大幅度改进，包括色香味的提升和餐具的精致化。除了英式烤肉外，餐桌上基本不会再出现粗俗散装的肉类食物了。食物都是分开盛装的，不会再像中世纪甚至 17 世纪那样不加区别地搅拌在一起。在正统的维多利亚时代人士那里，饮食是一种仪式，吃肉时饮酒是不合体统的，把切鱼和切黄油的餐刀搞混淆也会引发尴尬，因为不合礼仪。从前，客人都坐在一条长凳上吃饭；如今，每位客人都落座在属于自己的椅子里，面前都分开摆放着一套套光亮的玻璃器皿和银器。每个人的行为举止都要表现得似乎每道菜都值得赏玩一番，而真正的意图仿佛是为了同身边的宾客进行一次彬彬有礼的对谈。

相较于饮食而言，剧场的发展史是一个更精彩的故事， 98
也更能揭示出本质。社会科学家致力于发掘社会模式，却忽略了剧场本身就是一种模式。剧场不仅是一种社会空间组织里的模式，还是舞台戏剧表演中的模式。在此，我可以提供几个要点。作为实体空间，中世纪的剧场就像教堂一样，是一个宇宙，涵盖了天堂、大地和地狱。在集市广场上，会时不时举行表演，演员和观众都自由地混合在一起，没有设置上下场口和幕布，也没有闪亮的舞台和昏暗的座席把演员和观众分开。

所以在中世纪，无论是在大厅里，还是在食物器皿里，或是在剧场里，人和事都鱼龙混杂成了一锅粥。那么，就演出的主题而言，除了人的救赎以外，还会有其他什么主题呢？上演的戏剧都是道德剧。哪怕后来，像莎士比亚的戏剧，也算是道德剧。只要宇宙观、宗教观和表演形式都涵盖在一个包罗万象的称为“世界”（Globe）的空间里，中世纪的世界观就是挥之不去的。18 世纪和 19 世纪的剧场发生了剧烈的变化，景观取代了宇宙，产生出更多主观的观念；戏剧元素里有很多目的、误会、沟通失败和孤独，它们最后都汇入一个相对内在的空间，即日常起居的空间里。19 世纪晚期的戏剧描绘出每个人都生活在交互的空间里，但彼此是隔膜的，这与剧场的空间格局形成了呼应——演员和观众是分开的。这样，一个整体的世界——Globe——消失了。一侧是被灯光照亮的舞台，另一侧是昏暗的观众席大厅；每个观众都各自坐在分开的座椅上，同样也是孤独的。

在《分隔的世界与自我》中，我还探讨了其他类型的人类个体，和塑造这些个体的环境。例如，前现代共同体（community）里紧密的社会关系和现代社会关系之间，具有很典型的反差。“社会”（society）这个词在 16 世纪以后比“共同体”更加流行，说明人与人之间的关系少了黏合度，多了契约关系。过去，“我们”这个代词几乎是主导性的，但到了 16 世纪后，“我”这个代词（以及“镜子”这个物体）在欧洲的使用频率逐渐提高。

我还注意到人们使用“感觉”（senses）这个词时的语义
99 变化。我们最熟知的感觉——尤其是触觉和嗅觉——会增强人们相互之间的联系，让人在一个更大的整体里失去自我。比如，1600 年左右的欧洲，生活在古朴文化里的居民——甚至 20 世纪都还有这样的居民——常常彼此有身体的接触和爱抚，不论性别地和朋友乃至陌生人躺在一起，和难闻的体味朝夕相处。而在现代社会，身体的接触会被视为对个人空间的侵犯，不受欢迎，除非是在性爱里才可发生。四处弥漫的气味，被现代人视为原始粗俗。气味（smell）的言外之意是“臭”（smelly）。而“odor”这个词通常也意味着难闻的气味，因此，人和地方都没有任何气味才是好的。人们越来越倾向于感官上的愉悦，是因为近代人类的视觉体验被开启了。相较于其他感官而言，视觉为人类展现出了一个崭新的世界，它为万物下定义，也使万物显得更加生动。同时，挥之不去的上帝般全视全知的视角也会让人觉得，这是一种客观看待世界的视角。视觉还会造成主观主义，你看见的世界是怎样的，取决于你的视角。到了20世纪晚期，个人的视角取代了大家共有的无所不包的视觉空间，每个人的视角都各不相同。因此，人们对视觉的理解和运用成为理解共同体到个体这一变化过程的一个表征。

我在《分隔的世界与自我》里没有论及的一个内容，是语言在群体纽带和个体塑造中所起到的作用。语言如何能同时起到这两方面的作用呢？它如何既能建立纽带又能分离出个体？既然说到这里，就有两件事促使我思考这个问题。第一件事是语种的快速消失，此现象每年都在发生。而语言又紧密联系着文化与生活方式，语种的消失，意味着文化多样性的消失。[1] 面对此过程，人类学家的态度和博物馆馆长的态度很相似。世上的语言和文化是他们的切身利益之所在，这些事物的多少决定着一所博物馆的财富与名望。所以，每一次消失都会引发一波遗憾。而消失的不仅是某种婚礼习俗，或者别致的制锅工艺，而是更为普遍的，人与人之间的纽带。这些强大的纽带使得大家可以共享一套习俗与实践规范，但同时也会产生出文化群体里的小团体之间都互不理解的语言。

第二件事，是一件更加私人化的事情，它也促使我去思考和语言相关的问题。当我还是一名年轻的地理学者时，我感到自己是群体里的一员。而随着知识上的日渐成熟，我逐渐丢失了那样的归属感。其中到底发生了什么？这得归咎于语言——我词汇量的增加，对句法规则愈益提高的要求，以及思想力度的增强，导致从群体中孤立出来的感受越来越强。

100 演讲是为了吸引听众而不是为了把自己孤立起来，所以，就不能用太多口头语。哪怕人们喋喋不休的时候，表达出来的意思其实也很少。所以，语言首先是让人找到归属感的一个工具，其次才是获取知识或开启某个世界的途径。假

1 Paul Lewis, “Too Late to Say ‘Extinct’ in Ubykh, Eyak or Ona,” *New York Times*, August 15, 1998, p. 13.

如某人认为语言首先是建立理解的工具，那么，到了某个时期，他将会建造出一栋知识的大厦，但付出的代价却是成为知识的囚徒，关在知识的监狱里与周围的同事隔开。

让我打一个建筑学的比喻。试想有一所大学，鼓励语言的专业化和专业词汇的扩充。那么在这样一个地方，研究生都住在一栋合租房里，住在那些陈设简单的房间里。这是一栋知识之屋，里面还有马克思、葛兰西（Gramsci）[1]、福柯或其他著名的思想家。当大家在走廊上碰面，聊着一些共通的语言时，共同体的温暖感便油然而生。他们共享着一些词汇，像资本积累、霸权等等，彼此建立起了牢固的成员纽带。而随着时间的推移，当这些学生在知识上日渐成熟，他们陆续搬出了这栋公租房，在周边的社区分散地租了一些公寓，相互间也隔得不远，还能彼此走访。客厅里还时不时传出谈话声和笑声，就像曾经年少时，不仅气氛友好，大家也都还能全身心地投入当下时髦的学说中来。到最后，这些学生都变成了教授。他们严谨地建造着属于自己的那栋知识之屋，并使其日渐豪华。由于每栋知识之屋都见证着每位学者的成就，所以，它们成为学者个人满足感的来源。但问题却在于，这栋房屋是否能吸引别人去造访？如果一位同事或朋

1 葛兰西（Antonio Gramsci，1891—1937），意大利哲学家、作家。——译注

友愿意去造访，那么，他们会不会只看一个房间就够了呢？

社会学家认为，人们合租的房子里，一起洗濯的地方以及蹲下聊天的门廊，都是气氛友好的公共场所。相反，郊区那些独栋式的房屋看起来却是冰冷的、不友好的。我认为，知识分子也是如此，当他移居到自己设计出来的那栋更宽敞的房子里时，也会有同样的感受。对于他而言，社会经济和知识层面的移居都象征着成功，但其代价却是孤独感和脆弱感。某位学者一旦成就了独特的风格，其作品就很容易成为他人批评的目标。回首过去，看他曾经的样子时，那时候，他的思想与风格还未显山露水，他还毫不起眼地同其他人混杂在一起、共同住在由别人建造出来的知识大厦里，说
101 不定还能勾起怀念之情。[1] 我带着痛苦与满足的情绪，带着对个体性存在的意识，获得了创作两本书的动力，它们分别是《分隔的世界与自我》（1982）和《宇宙与炉台》（1996）。也有人会问，那我创作《制造宠物：支配与感情》（1984）的动力又是什么呢？我无法将每种动力都一一道明，但有一种是明确的，那就是“虐待者的性变态”倾向，我在前面也说到了这一点。大部分人都有此倾向。除非它变得一发不可收拾，否则一般而言，它是隐而未现的，不会让人感到羞

1 Yi-Fu Tuan, "Island Selves: Human Disconnectedness in a World of Interdependence," *Geographical Review* 85, no. 2 (1995): 237–238.

耻。比方说，大部分人都会在支配和玩弄他者的过程中获得享受。我们之所以会养宠物，在某种程度上讲，也是出于这个原因。当我们命令一条狗坐下、打滚，“召之即来，挥之即去”时，权力感和性欲就会混合在一起，迎合着我们内在的自我。倘若我们能够命令人类在地上打滚——抱歉，我这样说太过分了——“召之即来，挥之即去”也是可能的时候，权力感和性欲的亢奋难道不会无以复加地扩大吗？难道领导者们从来没有将这样的秩序多少加之在下属的身上？而就“受虐”倾向而言，每个人身上也都有一点，它是我们做婴儿时完全被掌控在父母手上的甜美感受的残留。而在性爱里，在完全忘我的狂喜里，彻底沉溺于对方织就的温柔乡时，这种感受会愈发强烈。

每个人心里那种半温不火的虐待倾向，在我身上却有所增强，尤其是在受虐的这方面。面对这样的内心冲动，我通常不是去顺服它，而是通过利用它来反击它，把它当作一种资源，帮助我去理解周遭的世界。我会问：虐待倾向如何体现在了社会里，尤其是在受人尊崇的社会里？此倾向的普遍性能揭示出人类怎样的本性?《制造宠物》则是我尝试做出的回答。这本书看起来好像严重偏离了地理学的传统主题，但其实并没有。它依然属于地理学的范畴，甚至属于主流地理学的范畴。而让这本书看起来不太一样的原因是它的迂回曲折。我想解释一下，但我得首先说明地理学的主流究竟是什么。

人文地理学有好几种主流、好几种历史根源、多条研究进路，其中一条便是研究人类如何改变大地。此进路在1955年达到了高潮。当时有三位著名的学者，卡尔·索尔、马斯顿·贝提斯（Marston Bates）[1] 和刘易斯·芒福德，他们组织了一场国际研讨会以展示这条进路的累累硕果，还出版了一部广受好评的书《人类如何改变大地的面貌》(*Man's Role in Changing the Face of the Earth*)。书里面出现了大量新的诠释，由此促发了一波新的研究浪潮。20世纪50年代初，我还在伯克利念书，那时的卡尔·索尔即将退休。我可以感受到四处弥漫着的那股兴奋气息，是对又新又大的事物出现的那种兴奋气息。到了60年代，大学校园里的浪潮演变成了全球性的环保运动，有组织，也充满激情，有时还能获得
102 一笔经费资助，相关的出版业也急剧膨胀。倡导者们以锐不可当之势，反复强调着一个主题：在基本需求甚至贪婪之心的驱策下，人类的经济活动如何深刻改变着、疾风骤雨般地掠夺着大地。

而《制造宠物》之所以属于主流地理学，是因为它也

1 马斯顿·贝提斯（Marston Bates，1906—1974），美国动物学家。——译注

在研究人类如何改变大地这一问题。但正如它的标题所意指的，这本书的出发点并不是经济学，而是心理学，它也更加关注人的本性（human nature）而非在外的自然界（nature out there）。这就是一种错位分析。我把重点从经济学视角转向了审美的视角。而在后一种视角下，我指出人类对自然界（包括对人类自己）的滥用，其目的在于追求愉悦和艺术。我让读者不要去想象给牲畜套上轭以犁地、砍伐树木以盖房这类画面，而是要去想象如贵宾犬、盆栽以及国王的弄臣这类画面。在后面这些画面里，人们利用权力，浸淫在某种情感里操控着事物，创造出了好看的东西。当人们如此使用权力的时候，往往被视为是善的，因为他们并没有把大地的表面改造得面目全非、惨不忍睹。但我认为其潜在的危险却在于，当人们开始玩弄权术的时候，权力可以变得不受约束、专制和残暴。

“玩”是一个听起来很阳光的词语，我们通常忽略了它阴暗的一面。如果把它变成了“把玩”，则没有那么阳光了；倘若进一步变成“玩弄”，则更糟糕。当我读到威廉·斯泰伦（William Styron）[1] 虚构的纳特·特纳（Nat Turner）的故事

1 威廉·斯泰伦（William Styron，1925—2006），美国作家。1967 年，他发表了小说《纳特·特纳的自白》（*The Confessions of Nat Turner*）。该小说描写了黑奴争取种族权利，获得了普利策文学奖。——译注

时茅塞顿开，这激发了我研究的想象力。书中写道，1831年，身为奴隶的纳特·特纳在南美洲引发了唯一一场旷日持久的反抗运动。一个名叫埃普斯（Eppes）的老坏蛋买下了特纳，想把他变成一个性奴。但是钱财的贪欲改变了埃普斯的想法，于是他强迫特纳在田里做苦工。就像小说的主人公所说的："如果我成了他泄欲的工具，他会发现更难驯服我，除非我的腿脚不听使唤。"[1]

在《制造宠物》里，我首先谈到了水。如果把水称为一个宠物，可能会有些诗意，因为但凡宠物都是有生气的，但水却是无机物。而在人的想象里，水一直被认为是有生命的。它的运动与力量被人们利用来满足经济需求。它也是一种可以用来把玩的事物。我们"驯服"它，迫使它悖逆自己的本性来提供欢愉，就像喷泉为花园营造出欢乐的气氛。没有什么事物比喷泉更能淋漓尽致地展现出对权力的屈从了。为了建造喷泉，需要从远处的运河、沟渠、渡槽引水，其中涉及复杂的管理和工程组织、熟练的匠人和大量的劳动力，
103 他们相互之间要有效地配合起来。此外，还涉及水力学的知识以打造舞蹈艺术般的喷涌之势。从16世纪到18世纪，喷泉一直是欧洲王室用来炫耀的一个"宠物"。

---

1 William Styron, *The Confessions of Nat Turner: A Novel* (New York: Random House, 1967), pp. 239–240.

沿着对水的玩赏这一思路，我进一步谈到了人类大张旗鼓地对动植物进行“宠物化”的过程，其抱有的观念是大型的或具有观赏性的花园可以被视为大自然的一部分，同时也具有纯洁性。平常人家的后花园或许还算自然，但皇家园林就不能算了，因为后者的人工干预太多，是为了衬托宫殿而修建起来的。其实，我对前工业化时期人类支配自然的 104
关注，并不着眼于纪念性的建筑物，而是着眼在观赏性的花园上，特别是像中国的盆景或日本的盆栽（bonsai）那样的小景观。所谓盆栽是将野外的大景观缩小为一个点状的景观，它是名副其实被驯化了的、被精湛技艺扭曲了的景观，被供养起来，在某段时间内，满足人们对精细物件的喜爱。

刚才我谈到了个人主义和性虐待，现在又聊到了唯美主义。它们都在我本性的深处有着各自的种子，并生发出让我不断书写与创作的力量。而让我厌烦的却是，某些生物决定论似乎还在起着作用。如果我的生物本性用开空白卡牌来比喻，要么就是没开出来东西——就像我缺乏数学天赋，要么就是开出来的是小丑牌——就像我的略显变态的受虐倾向。但就算它让我开出来的东西不差，我还是会觉得不满足，因为我心里有最想要的东西。比如说美学天赋就是我想要的。自我刚能记事起，就能欣赏事物的美了——大理石的色彩、玩具车的形态，大自然的美（如果是闪亮的晶体），以及人的美。但我自己又唱起了反调，因为我不想变成一个唯美主义者。我身形纤瘦，看起来也貌似一个唯美主义者。这是我天生的身材，改变不了，这令我对唯美主义者的标签更觉厌恶。所以，我会挑选合适的衣服，既为保暖，也为避免引人注意；而且我也很少花心思去考虑家里的房间该如何装潢才能显得上档次。我给家里买的唯一一件艺术品甚至都算不上是艺术，它只是一个蒂芙尼牌的玻璃苹果而已。所以，如何让外表看起来令人满意、使人愉快是我抵制的东西。

但回头看我自己写的一些书，还是能看出在《恋地情结》（1974）、《美好人生》（1986）、《穿越诡异与雄奇》（1993）里如何融入了审美。审美在前两本书里是若隐若现的，但到第三本书里就大放异彩了。它的副标题是“美、自然与文化”。而又是什么把我释放了出来、大胆拥抱美学呢？尴尬地说，是我后来才意识到，唯美主义和审美里都包含着“感受”的意思。去感受等于去生活，由此可以变得充满生机活力。感受能化为生命，反之亦然，若将感知消灭，生命必然沦为残丝断魂。而化为生命的过程始终是深刻的，它源于对世界的审美，以及渴望增添美的冲动。当美好的语句化为深刻的思想，美丽的装束变为建筑的艺术，当这些事物统统加起来成为人类的文化时，难道它们不正一往无前地朝着那更兼收并蓄、更易于理解的生命形态跃进吗？

1990年，我在底特律国际机场里同一位建筑师聊起了 105
这一观点。我俩都正赶往美国地理学会的一场年会，在外卖快餐店里偶然相遇。因为没有坐的地方，所以聊起来并不太容易。他很反感机场里的环境，不停地抱怨，因为以前有人服务的餐厅消失了，建筑物的档次也大不如前了。对此我也表达了同感。但他又加了一句："我们还是不要被商业利益蒙蔽了双眼，觉得一切都变得不像样了。其实这里的每件事物都在追求外观上的好看。就像一会儿要扔掉的这个塑料汤碗，有必要浪费这么多时间和金钱在碗口做一圈装饰吗？可能是因为我老了，脑子不好使，或者是有点儿'老小孩'的意思，只要是人造出来的东西，我都希望能从中发现美，哪怕是在这个破破烂烂的地方。就拿餐巾纸来说吧，以前我都是问：'你们没有亚麻巾吗？'现在我会说：'这纸巾叠得也太好看了！'"

1977年，我出版了《空间与地方：经验的视角》这本书。其实，它诞生于我曾教过的一门同名课程。1973年，我第一次上这门课，之后每年都会上一次，直到1997年的秋季学期才结束。在这二十五年间，我拓展了一些主题，又砍掉了一些枝叶，不断在内容上推陈出新。很明显，这门课的主题渐渐朝着审美与空间的方向演进。就地方而言，我甚至在这本书里试图对家庭、家园、扎根（rootedness）和遗产这些概念做一次简明的阐述。也正是那时候，美国社会在重新重视这些概念。也就是说，曾经流行的（也是我喜欢的）“解放自我”（don’t fence me in）这句口号开始走下坡路了，而“寻求自我”（fence me in）这句口号正在取而代之。我颂扬的是“地方”，但我对地方的诠释却并不在“扎根”的意义上。但地方的“扎根”意义，在学术和流行文学里已风头正茂，它是地方意义的延伸。

我从两个方面对地方的意义展开了论述。第一，认为**地方**——大家普遍认为它是汇聚某种意义（例如关爱、抚慰）的场所——包含着比城镇更广泛的实质，甚至比邻里、家园和房屋都蕴含着更广泛而丰富的内涵。难道壁炉、扶手椅，甚至人本身，比如母亲，就不能算作一个个地方了吗？母亲就是蹒跚学步的孩子从沙堆里尽兴而归的地方。第二，认为地方不必在特定位置上扎根，而这却是一个普遍的假设。难道一艘穿越大洋的船舶不是一个地方吗？在这一有着
106 边界的世界里，船长就正如一位祭司和国王一样。母亲当然是一个地方，而且母亲还会走来走去。那么，可以被带走的文化算不算地方呢？并非任何文化在位置上都是固定的。就像古典音乐，对于乐迷来说，它就是家了，它能为乐迷们提

供情感的支持。当布鲁诺·瓦尔特（Bruno Walter）[1]1938年移居到美国时，被问到是否会想念故乡德国或奥地利——奥地利是他最近一次担任交响乐指挥的地方。他的回答是，一点都不想念，因为音乐就是他的家。这个家可以陪伴他到天涯海角。他栖居在乐谱里，在管弦乐队里，在一次又一次的演出里。

但**空间**又恰恰是能持续激发我想象力的概念。在世界上的各个地方，“空间”这个词在历史上一直有着消极的意义。它有“开放”的意味在里面，并因此有着“危险”的意味。很有启发的是，我发现，英文里“坏”（bad）这个词原本具有“大敞着”（to be wide open）的意思——暴露于外部的影响，而所谓影响，在过去的人看来，通常是指危险和邪恶的事物。而美国之所以会对我有如此大的吸引力，原因在于，它反而强调着空间的积极意义。由此，空间意味着移动、行动、自由、潜力和未来，还意味着生命和对复苏的感知。它是一种知觉（aesthesia）。之所以我能在人的身上感受到一份悠然自得和轻松愉快，是因为我总能发现人类在移动和空间上所取得的经验，这也就是所谓的“生活”。

其核心要旨再简单不过了，不就是移动本身吗？新生

---

1 布鲁诺·瓦尔特（Bruno Walter，1876—1962），美籍德裔音乐家，出生于德国，1939年后定居美国。——译注

的婴儿通过踢踢腿来表明他的行动力；大一点的婴儿则通过爬行来表现；更大一些后，就可以站立起来了（抵抗重力），并开始行走和奔跑。技术扩展了人的行动力。孩童骑着自行车从山坡上直冲而下，能感受到速度和风，还能体验到自信、奔放与快乐。一个人骑着摩托车，飞驰在大雾笼罩的加利福尼亚州高速公路上，猛踩油门，穿过雾气重重的超现实风景，闯入了一个抽象的空间，感受着迎面而来的强风。一名飞行员身处狭小的机舱里，貌似“远离了自然界的危险，（但）其实是一头扎进了更深的危险里”，安东尼·德·圣埃克苏佩里（Antoine de Saint-Exupéry）如此写道。[1]

人类也会将某些物体投掷到空间里，以此来延伸自己的身体边界。人类在这样的空间经验里已经取得了多么巨大的进步啊！刚开始，人类用自己强壮的胳膊掷出长矛，张开弓射出箭矢；后来，人类利用火药的爆炸力实现了远距离的发射，像炮弹、子弹、火箭、导弹，以及宇宙飞船。1996年，人类发射了先驱者 10 号，把它“掷”向了 25 亿英里外的太阳系边缘。[2] 它可能现在都还待在那儿，不停地发出嗡嗡嗡的声音。如果有一天太阳变成了一颗红巨星，把太阳系

---

1 Antoine de Saint-Exupéry, *Wind, Sand and Stars* (Harmondsworth, Middlesex, U. K.: Penguin, 1966), p. 24.

2 *Time*, November 4, 1996, p. 80.

里所有的星球都吞没，就只有这个人造的小东西可以幸免于难了。倘若生命在于移动，而移动是指克服惯性和引力的话，那么先驱者 10 号就象征着生命，象征着人类的智慧始终不会满足于原地踏步。

研究表明，除非我们能够移动四肢，到处走动，否则， 107
我们眼睛所能欣赏的空间就会少之又少。而当获得了移动能力后，眼睛（和耳朵）就会极大地增强自身的强度和敏锐度，扩展空间经验的范围。任何一个人都有内部空间和外部空间的区分。这是最基本的空间差异。但在何种程度上才能算作内部，则取决于文化发展的程度，这是千差万别的。第一个文化成就在于人类对火的使用，大约出现在二十万年前，它让我们的远祖能安全地生活在洞穴里，远离猛兽的威胁。洞穴里的生活首次给予人类以包裹起来的空间感——一种在家里的感受。墙壁和洞顶被摇曳的火光照明，投射出各种各样的影子。这一有边界的内部性必然衍生出相反的外部性意识，那是开阔的、暴露的、危险的，当然也充满了各种诱惑。

洞穴生活是人类向前迈出的一大步，也是首要的一步，此后，大大小小的进步逐渐出现。它们累积起来令人震惊，显示出人类在内部空间里展现出怎样的生命力。我会让学生们去想象古代人类生活在内部空间里的场景，从古埃及开始。我会对学生们讲，金字塔从外部看起来恢宏壮丽，而人的生命也因此提升。但内部呢？它的里面是狭窄拥挤的甬道，一直通往法老的棺墓，那是一个令人窒息的死亡空间。金字塔，像太平间一样的建筑物，排列在尼罗河边上，有着外观上一目了然的纪念性；但在其内部，拥挤的石柱，昏暗的空间，让人感受不到任何体积和容量。古埃及的神庙也是如此，外表光鲜亮丽，里面却暗无天日，一间间陋室空堂用来摆放他们的神灵雕像，全然不顾顶礼膜拜之人感受的好坏。

根据希格弗莱德·吉迪恩（Sigfried Giedion）[1]的观点，哈德良的万神殿（Hadrian's Pantheon，118—128）与金字塔截然不同。这个建筑将关注点从外部转向了内部，从近乎实心转变为塑造中空的结构。万神殿是一个巨大的半圆形穹顶（直径有 40 多米），以墙和柱作为支撑。与其外部相比，它的内部精致典雅，透露出神圣的简洁之美。穹顶中央的圆孔（眼睛）会让阳光形成一道光柱射入内部，随着一日之间太阳的东升西落，这移动着的光柱会在墙壁上缓缓扫过。相比而言，埃及乃至古希腊的神庙都借用昏暗的内部空间来象征大地、子宫与死亡的意义，象征着对来世急切的盼望。而万

1 希格弗莱德·吉迪恩（Sigfried Giedion，1888—1968），瑞士历史学家、建筑学家。——译注

神殿却象征着光明洞彻、溥博如天的穹苍，进入这里面就像与神同在天堂一般。[1]

“空间与地方”这门课的高潮在于学生们要借着想象力对哥特式教堂展开思考。哥特式教堂是欧洲建筑史上的一大 108
变革，让欧洲人体验到一种截然不同的空间感。根据埃尔温·帕诺夫斯基（Erwin Panofsky）[2] 的观点，哥特式建筑的特征不仅在于耸立的尖顶和交叉的肋架拱顶，令内部空间形成高耸之势，营造出灵性升华的效果——罗马式建筑也具备同样的特征；它还长于对光线的使用。哥特式建筑乃是光的殿堂。[3] 窗户扩大后，墙壁的大部分面积由玻璃而非石料构成，由此穿壁引光，光又在彩色玻璃上折射开来，艺术家便借此增强了光线在建筑物内部的混合，形成了光之内爆的效果。搭配着外部精美绝伦的石制窗花格，其内部空间就呈现得光彩旖旎了。远远望去，一座哥特式教堂就仿佛是矗立在风尘肮脏、茨棘之间的一件珠光宝器。然而矛盾的是，在现代人的眼中，当今的信仰却又是那么世俗，人们热衷于珠宝首饰

1 Sigfried Giedion, *Architecture and the Phenomena of Transition: The Three Space Conceptions in Architecture* (Cambridge, Mass.: Harvard University Press, 1971).

2 埃尔温·帕诺夫斯基（Erwin Panofsky，1892—1968），又译作欧文·潘诺夫斯基，美籍德裔犹太学者，艺术史学家。——译注

3 Erwin Panofsky, *Abbot Suger on the Abbey Church of St.-Denis and Its Art Treasures* (Princeton, N. J.: Princeton University Press, 1946), p. 19.

与贵重金属。但有时候，我们却又总忽略了这些事物的象征意义。其实，它们的象征意义超越了它们的价值所在。珠宝匠人刻意将宝石打磨成圆形而非平面，正如教堂的彩色玻璃一般，使得光线能从内部反射出来。而这从内而外的光线正好又象征着基督教圣徒灵魂深处闪闪发光的美德。上帝是光，圣子也是光，降临于世间“叫众人因他可以信”。(《约翰福音》1：7）门徒约翰在福音书里对光的赞美以及盈满了光的哥特式教堂，让生活在12世纪的人们得以融入与教堂同在的生活里，就像宗教仪式一般充满了戏剧性。

声音在人的空间经验里也同样发挥着重要的作用。每种声音都能营造出各自的空间氛围。想一想海鸥掠过海面时发出的尖叫，火车在夜间驶过大草原时的鸣笛，在空旷的广场上传来的脚步声，巷道里发出的猫叫声，阳光普照的乡下，高速公路上汽车行驶时传来的柔和轰鸣。所以在课堂上，我会带着学生们仔细观赏哥特式的教堂，并详细讲述声音所起到的作用。比如，教堂里的一声咳嗽便会反衬出大而可畏的肃静；而唱诗班倾泻而出的华美乐章里，既有低沉悠远的男声，也有高亢清亮的童声。因此，视觉的美感被深沉的肃静和美妙的乐音所强化，让教堂的内部成为天堂在地上的一道投影。

中世纪的教堂之所以吸引我，还有另一个原因，那就是美学背后的伦理，亦即善之美。在前现代社会里，谁去建造这些纪念性的建筑物是一个问题。答案正是：普通人。在众多不可忽视的局限下，他们从事着这一艰苦卓绝的事业。比如说，今天的人们看到凡尔赛宫，自然能够想到为了建造它，有多少劳工和牲畜面临着死亡和挣扎。然而，12 世纪和 13 世纪的教堂标榜着“历史上第一批由自由劳工——联合起来的劳工——修建的大型建筑”[1]。就像沙特尔 109
教堂（Chartre）[2] 拔地而起时，罗贝尔·德·托里尼（Robert de Torigni）[3] 热情洋溢地记述了一千一百四十五名男男女女参与其中的过程。其中既有贵族也有平民，他们倾其所有，既有物质上的支持，也有精神上的鼓励，他们用手拉马车，将一批批材料运往正在建造的高塔处。[4]

但这还不是全部的意义所在。对于深爱教堂的人而言，在他们的思想深处，虽然教堂有着天堂之美的模样，更加呈现出了《启示录》里的描绘，而非四福音书里的讲述，但它

---

1 Lynn White Jr., *Machina ex Deo* (Cambridge, Mass.: MIT Press, 1968), p. 63.

2 沙特尔教堂：沙特尔（Chartre）是法国卢瓦尔省的首府，位于巴黎西南约 90 公里处，因其大教堂而闻名于世。这座哥特式大教堂主体建于 1193 年至 1250 年之间，保存状况良好，自 13 世纪初以来只发生了微小的变化。——译注

3 罗贝尔·德·托里尼（Robert de Torigni，亦称 Robertus de Monte，1110—1186），法国修士、历史学者。——译注

4 Pierre du Colombier, *Les chantiers des cathédrales* (Paris: J. Picard, 1953), p. 18, quoted in Adolf Katzenellenbogen, *The Sculptural Programs of Chartres Cathedral* (New York: Norton, 1964), p. vii.

其实又表达出了四福音书里的基本信息，那就是，上帝降世为人，谦卑受难，乃是为了拯救世人。所以归根结底，让上帝的居所拥有超凡之美，也是和“善”分不开的。

我童年时在中国，当年读到的很多故事都让我渴慕美好、真实、良善的事物，也渴望乡村以外的广阔世界，令我的思想与理想茁壮成长。但让我难过的是，随着年龄的增长，我对世界的了解越发深刻，失望和幻灭反而越积越高。大自然是美好的，而社会现实里夹杂着太多的欲求。与其说社会是弱肉强食的，不如说它是百无聊赖、索然无味、终虚所望的。但值得欣慰的是，我的父母在我幼稚而挑剔的眼中表现尚佳。他们尽其所能地做到了言行一致，拥有令人钦佩的社会正义感，对非亲非故之人也关照有加，并身体力行地做到视财如土。但同时，他们又不得不向现实社会妥协。

1942 年至 1946 年间，父亲在悉尼担任领事官员。我看见他的下属总是想方设法地给他送礼物。我看到父亲也在拜访其他官员时送礼，送礼的规格都符合官员们的级别。我问他为何一定要这样做，这样太不光彩了。父亲便会耐心地向我解释。回忆起来，他给我上了一堂生动活现的现代社会学的课。他说，整个社会就是由权力关系建构起来的，这些礼尚往来，就像仪式一样巩固着这些关系。当然，人们也可以用别的信号，像各种级别的手势来建构关系，但它们的效率可能不高，甚至太过复杂。一个人可以选择离开某个社会，但最终的结果却依然是进入另一个社会里，而那个社会同样有着自己的权力声望的层级，以及发号施令与恭顺服从的机制。

这是一个多么令人沮丧的现实世界。倘若真的接受现实不过如此的话，那么，我就再也不会对学习产生一丁点儿热情了。作为一个成年人，我被迫在充满算计的生活里爬行，亦步亦趋地紧跟着社会的步调而行。那么，在这样的生活里，荣誉又意味着什么呢？但我又能在何处去寻觅另一种 110
世界，寻觅传言中的另一种现实和存在的另一种方式呢？

在悉尼，我就读的是克兰布鲁克中学（Cranbrook），它是附属于英国教会的一所学校。校长和牧师主持宗教仪式，所有的学生都要参加。才开始，我和兄弟们都木然不语地坐在人群中。经过一年的英语沉浸式学习，我们逐渐掌握了这门语言，并能理解布道中的那些故事了，但却依然理解不了其中的要点。有一日，年级主任罗兰先生叫我们去他的书房。我们站在他的书桌前。他穿着学位袍，坐在一张很大的皮革椅上，用了半个小时向我们解释基督是谁。我简直无法相信自己的耳朵。这位颇有权威的先生竟然告诉了我一些难以置信的故事，像一篮子食物喂饱了五千人，在水面上行走，甚至叫死人复活。他还讲了一些我自己一直在寻觅的现实。那就是，在上帝的国里，在前的人将要在后，在后的人将要在前，骄傲的人必降卑，降卑的人必升高。

这就是一个不同的世界了！父亲给我讲的社会学将会整个扭转过来。表面上，我没有信基督教，但我却将基督教里的寓言全都记在了心里。在内心深处，我是多么渴望有一个不以权力和声望为基础的世界，并渴求真的有那么一个实体的小圆孔，能让我们洞见另一个世界的现实。社会里的人情世故让我反感，因裙带关系而产生的习俗让我厌恶。作为一个在中国家庭文化里长大的叛逆小孩，基督教对我非同寻常的吸引力在于它对家庭的轻视。当耶稣被告知他的母亲和弟兄来唤他时，他却说："谁是我的母亲？谁是我的弟兄？"就四面观看那周围坐着的人，说："看哪！我的母亲，我的弟兄。凡遵行神旨意的人，就是我的弟兄姐妹和母亲了。"（《马可福音》3：31—35）而谁又是我的邻舍呢？是住在隔壁的好人吗？并不一定是那些住在隔壁，当我施与了帮助后，会给予我回馈的人，而是那些你在路边遇见的陌生人，再不会见面的人，他们才是我的邻舍。

虽然那时我还不理解这一信仰，但我反叛的不仅仅是家庭，还有传统的生活方式，扎根在亲属关系、土地和大地神灵里的那种生活方式；相反，我更欣赏的是现代生活的理想和信念，比如像世界大同、抽象思维，和高远的天空之

神——如果天上有神灵的话。随着年龄的不断增长，我开始
有能力从炉台走向宇宙。而基督教满足了我的这一向往。虽
然它是一个古老的宗教，但它的道德信条却始终能够与时俱
进。比方说，它蕴含着抽象的世界主义，坚持认为无论是犹
太人还是希腊人，他们的基本尊严都毫无差别；同样，自
由人和奴隶，男人与女人，都有着同等的尊严。基督教的慷 111
慨宽容应该就像太阳一般，无差别地照在义人和不义的人身
上。其实这样的信条显得有些不切实际，只有少数圣徒可以
身体力行。

我会对自己的这种狂热感到奇怪。因为毕竟很多年轻人都离开了家庭走到了外面的世界里，即从炉台走向了宇宙，但却没有丢失家族的精神和信仰。而我为何会如此拒绝这些事物呢？我想，这个问题的答案同样和我的性取向有关。它使我无法履行传宗接代的任务。单身是我的命运。在尚无文字的社会或在由亲缘关系维系的社会里，一直单身的状况是遭人憎恶的。剩男剩女会被视为怪胎，还有可能被当作巫医、神棍来对待。甚至在我童年时期的中国，传宗接代、延续血统的紧要任务也让任何人都不敢越雷池半步。那么，我是否会转向基督教、佛教或苦行主义，或者在其他普世观念中去寻找做人的标准呢？或者，因为在现代的世俗观念里，传宗接代已不再是理所当然，单身也是可以接受的，

所以我就干脆躲在这种观念的庇护之中吗？其实，在普遍的宗教和哲学里，和在现代世俗世界里，单身很可能是一种圣召，要么是对一切上帝所造之人的信仰呼召，要么就是一个人能全身心地委身于某个知识领域里的必要条件。比如当代数学家保罗·埃尔德什（Paul Erdős）[1]，就仿佛一位古时候的耶稣，在这个世界上没有一个可以枕头的地方。

小时候，我想做一个好人。进入青年时期，我放下了这个抱负，开始寻求一些不那么远大的东西，比如，开始思考成为一个好人意味着什么。我很明智地知道，成为一个好人可能会对我的健康有害。但是，把它作为一个知识上的问题来对待，则是安全的，而且也很有思考的价值。从那时候起，我就把问题从“成为一个好人意味着什么？”微妙地改成了“美好的人生意味着什么？”这样，我便站在了一个更加安全的位置上。后面这个问题，更加客观，也更与地理学有关。这也是人人都会问的问题。全世界最流行的聊天话题无非是三个：个人的福祉、政治（该如何改进社会）和天气（它是所有生物都必然依靠的一种大自然的特征，也是高科技社会仍无法控制的大自然特征）。

1 保罗·埃尔德什（Paul Erdős，1913—1996），匈牙利数学家。段义孚在这里引用了《马太福音》的内容：“耶稣说：‘狐狸有洞，天空的飞鸟有窝，人子却没有枕头的地方’”。——译注地理学是如何与此问题产生关系的？我认为，地理学是通过重新重视地方这个概念而与此产生关系的。哲学家所关注的“美好人生”在地理学家这里便是“美好的地方”[1]。这恐怕是因为，地方远不只是可以触摸的砖石结构，它还是人类个体和群体的借喻。地方构成了人类的关系，也是人类奋斗与抱负的具体呈现。

如果说构成美好人生的要素是普遍的，那么，美好地方 112
的要素也同样是普遍的。甚至描绘这些要素的词语都大同小异。人们会如何描绘一个美好的地方呢？对我来讲，一个美好的地方必定有好的天气，好的自然环境而且物产丰富；其建筑物不仅能愉悦人的感官，还能温暖人际关系并增进个人的福祉。这些都是一般性的要素。如果谈到一些特别的要素呢？那就肯定会出现各种不同的观点了——除非我们退回到史前时代，那时候所谓生活条件在本质上都是大同小异的。比方说，在旧石器时代，打猎和采集是主要的生活方式，所以能够提供这些条件的地方——资源丰富的地区和定居点——就可依照普遍的标准来衡量了。但到了新石器时代，各个地方就变得多样化、不一致了。除了宿营地和定居点以外，还出现了农田，核心村落和城镇。一位新石器时代的哲

1 Robert David Sack, *Homo Geographicus: A Framework for Action, Awareness, and Moral Concern* (Baltimore, Md.: Johns Hopkins University Press, 1997).

人可能会思考，是否存在一组特征可以用来刻画什么是好的地方。在现代，地方已呈现出了极大的多样性，包括各种类型的农场、村庄、郊区、城镇和都市。截然不同的特性冲击着我们的视野。对于农场来讲是好的要素，对都市而言不一定是好的。

在我们这个时代，“美好”一向都是一个相对的概念。“对什么好？以及什么才算好？”都是会出现的问题。俗话说，鱼和熊掌难以兼得。有人说，最好是鱼和熊掌兼得，这样就比只拥有一样更好。如果有一种食品能兼有鱼和熊掌的口感和味道，或者说能让人同时联想到这两种口感和味道，那当然就比只有一样要好。那么，这样的推论过程——多比少好，近比远好——就让人可以对“美好”进行比较和排序了。对人类而言，美好是同人的潜质和认识的程度关联在一起的。每个人的潜质——他或她能成为什么，做些什么，或经历些什么——都是极其广大的。

人类取得的成就是多么广泛。再拿空间中的移动来举例。过去，草原游牧民只能靠双脚行走或奔跑；自从驯服了马匹，才体验到了另一个维度的空间感和速度感，远甚于移动双脚所带来的释放和愉悦。如今，游牧民不仅可以飞鹰走马，还能驾驶一辆摩托车飞驰，甚至可以乘坐飞机在三维空
113 间里风驰电掣。我之前已热情饱满地讲述过内部空间，就不

在此赘述了。但我还是忍不住想补充一点：我会对生活在过去时代的人抱有一丝遗憾。因为像古埃及人，他们根本想象不出站在哈德良万神殿的中央会是一种怎样的感受。在我看来，就连哈德良皇帝本人也是令人遗憾的。虽然他占有的财富无可匹敌，但他做梦都想象不出沙特尔教堂内部的美（美学的层面以及道德的层面）。

在道德美善的方面，我同样看到了进步。这并不是说人类比以往更有道德，而是说，如果人类愿意选择变得更有道德的话，是可以实现的。倘若此观点有些强势，那我还可以提出另一个相对温和的观点，那就是人类可以更全面地知晓变得更加有道德意味着什么，就像历史告诉我们的。那如何能做得到呢？简单说来，答案就是灵感的源泉在成倍增加，无论是在哲学领域还是在人类生活的领域里。一个人想要实现美善的潜质，是很困难的，甚至想知晓美善的全部意义也是困难的，尤其是当他生活在像公元前500年的时代，也就是苏格拉底、释迦牟尼和孔子之前的时代[1]，那时候，人们的道德价值体系还未建立。这些先人们取得了光辉成就之后，其他追随者们（从耶稣到甘地）不断添加着人类美善道德的库存。

1 原文如此。据史实，释迦牟尼与孔子在公元前6世纪在世，应为同时期的人。——编注在最亲密的层面上，道德的美善产生于人类个体之间。但首先得有个体！并且，正如我们所看到的，个体是现代的产物。当然，在过去的岁月里也有能够自觉反思的个体，在世界各地都有，但都是凤毛麟角。他们之所以能存在，必定要有一般的和特定的条件才行。或许，最基本的条件就是充足的物质，能让人无生存之忧，让人尽量不再相互绑定于日复一日的生存层面的互助合作。因为，如果物质充足，人不仅可以自由地抽身而退，还能拥有独处的空间。在私人的房间里，一个人不仅能阅读，还能时不时地停下来思考眼前的世界是如何交织着欢乐与痛苦的，以及反思自身生活里的道德挑战与困境。如此，一个人的自我就能丰富起来了，能形成对自身的审视，而且能站在某个立场上与他人开展持续性的交谈。其结果便是友谊的建立——两个个体相互之间真诚的理解，携手一同走进生活，走进世界，并在其中探索，而非仅在其中生存。这便是友谊关系同亲属关系、同志关系、性结合之间的差异之所在，或许后面三种关系还显得更加紧密一些，但却会更加狭隘。[1]

物质丰富不仅是培育私人美德的条件，它还是非个体

1 Andrew Sullivan, *Love Undetectable: Notes on Friendship, Sex, and Survival* (New York: Knopf, 1998), pp. 175–252. 这篇现代文章很罕见、质量极佳，讨论的是关于友谊的风险和回报及其与其他亲密的人际关系的区别。

性美德的基础，让普通人都能做到像阳光一样对所有人分享自己的亲切友善。传统民间道德既不是私人道德（就像我 114
刚才描述的友谊），也不是非个体性的对人不偏不倚的道德。它具有典型的地方性，只有在地缘上相近的人才能为彼此提供需要。需要，尤其是迫切而强烈的需要，显示出相互帮助的美好：我给你一包糖，你给我一杯醋；我帮你收割，你帮我盖仓。当然，情感，乃至纯粹的慷慨，也在其中起着作用，但在没有多余资源可供依赖的社会里，真实的慷慨则常伴有英雄气魄，但很少有人是自我牺牲的英雄。

除开生存层面的价值以外，地方性的紧密互助关系是很有吸引力的，尤其对现代社会的男男女女更是如此，因为这里面蕴藏着人的温暖。你的需要始终是关联着身边的亲属和邻里的。同时，它对人的期待也是适中的。这样的道德不会对个体产生过度的要求，不像真正的友谊背后的个人美德，也不像非个体性的“兼相爱”那样，要求一个人对任何人都慷慨大度，包括陌生人，甚至仇敌。

随着人们的生活日渐富足和安全，公共纽带就变得越来越松懈了，狭隘的互惠被刘易斯·海德（Lewis Hyde）[1] 所说的“循环给予”（circular giving）所取代和补充，即甲把东

1 刘易斯·海德（Lewis Hyde，1945— ），美国作家。

西给乙，乙给丙，丙给丁，丁又给甲。最终，慷慨的给予还是得到了回报，但是却经过了很长的时间，而且回报还不是直接从最初帮助的那个人那儿获得的。[1]在一个富足的现代社会里，给予的循环圈可能会变得很大，以致人们甚至都感受不到给予的过程了。剩下的就只是一根链条而已——一根长长的链条，伸向了不知所终的未来，那里全是一群陌生人。

毋庸置疑，我们每个人都能在各自的生活经历里找到这样一些故事，关于友善的陌生人的故事。我这里就有一个。有一次，我坐飞机从丹佛去波士顿。大概是在途经伊利诺伊州的地方，开始供应午餐。我刚用完餐，对讲机便开始询问飞机上有没有医生，因为一名女士被食物卡住了，开始干呕，不能呼吸。一名年轻的实习医生迅疾上前提供帮助。我倚在座椅上，看见一个年长的女性正躺在过道里，一名年轻男子伏在她身上，就像恋人那样抱着她，他正努力把她嘴里和喉咙里的呕吐物吸出来。望着这一幕，我自己都有一点恶心。机长说我们将临时降落在芝加哥。我看见，一辆救护车停在了跑道上。这名妇女被送下了飞机，同行的还有这名

1 Lewis Hyde, *The Gift: Imagination and the Erotic Life of Property* (New York: Vintage, 1983), pp. 11–24; Yi-Fu Tuan, *Morality and Imagination: Paradoxes of Progress* (Madison: University of Wisconsin Press, 1989), pp. 112–113.

实习医生，他将陪她一起去医院。我们等了一个多小时，直等到这名医生回来。其间，没有一个人抱怨，每个人都充满了同情心。不但如此，我们还热烈欢迎这位像英雄一样归来的年轻人。这场事故之前，机上的人相互之间都是陌生人。但在此过程中，却产生了团结的意识。而事情结束后，我们 115
也依旧是陌生人。但这位妇女估计没有机会向这名实习医生表示感谢，也没有机会向这些热情的服务员、耐心的乘客、救护车的司机表达感谢。他们都是当代文明的缩影。但这种不针对个人的行为鼓舞着我，这样的行为显得并不是那样激昂青云，而几乎是以理所当然的风格体现出来的。

带着芝加哥的这次回忆，我日复一日地思考着现代生活里的无私行为。它们都显得太平淡无奇，远非那些时尚的愤世嫉俗者们的描述。它们都以润物细无声的方式存在着，但却又像飞机上的那件事一样令人印象深刻。此刻，我脑海里浮现出了怎样的画面呢？一位社工对客户的帮助超出了工作范围，那位客户还没来得及说声感谢，社工就又转身去帮助其他的人了。这位社工的行为自然没有获得感谢的回馈。诚然，人们享受的社会服务都是付了钱的。但是，和这些服务的回报比起来，花出去的钱又都是少的。对一位能启迪学生心灵的教师而言，对一名甘冒生命危险的消防员而言，有多少钱能和他们的付出相匹配呢？同时，与你所享有的商品和服务比较起来，你所花费的时间和精力也都是很少的。我们在百货商店、艺术博物馆、医院里享受的事物，都是众多你所不认识的人付出的劳动、技能和知识的总和，而他们大多数都已不在世上了。

这难道就是我们这群现代人很少去尊崇自己的先祖甚至不愿承认他们的原因所在吗？通常的解释是，我们缺乏一颗虔敬之心，所以，我们太自私地沉溺于眼下和未来的计划里，对曾经的事物都不屑一顾。或许的确有这方面的因素，但我相信还有另一个原因，能让我们感觉好受一些。我认为，之所以我们常忽视先辈，是因为若不这样做便会产生太长的追溯。我们的先辈太多了，他们留下了不计其数的遗产——从抽水马桶到心脏手术，从十四行诗到人之权利——我们甚至都能觉察到自己的亏欠。相较而言，无文字社会和亲缘社会的成员就很少有这样的感受了。农耕技术、社会风俗和宗教仪式的传承就寄托着对先祖的敬谢，于是他们在怀念祖先的同时又能有充足的时间来完成现实中的工作。

我写“地理学拯救了我”，目的不仅在于设立一个引人注意的标题。正是地理学才让我的目光始终朝向这个世界望去，并发现，尽管有那么多惊骇可怖和虚空无益的事物，但这个世界总体上还是美好灿烂的。而批判性社会科学的严重错误正在于，它几乎完全忽略了美善的事物，忘记了光明也

是人类社会的一部分——具有讽刺意味的是，这些光明让它最阴暗的观点都显得不再那么阴暗。我的课堂，甚至我的 116
书，都已展现出（并非刻意为之）对人类成就的自豪和对未来的乐观态度，这令我的学生惊讶不已，因为他们成天接触的都是帝国主义、种族主义、性别主义、财富掠夺、霸权、不公和环境恶化这些话题，而这类东西又正是文化研究和人文地理学的标配。但因为我现在写的是一本自传，所以，就觉得有必要再问一问，对待世界的这种乐观情绪是否也同样体现在了我的生活里呢？我的生活在整体上是幸福的吗？我的人生是美好的吗？

第六章

美好的人生？

1998 年 12 月 5 日是我 68 岁的生日。我很难想象，当 117
自己的人生到了这一天时，走过的路基本上还都是一片坦途。当然，有些日子，甚至于有些月份，乃至一整年，我也会过得不太顺利。不过也仅仅就是不太顺利而已，从没遭遇过别人生活中或有的重大疾病和灾祸，例如心搏骤停、卧床不起、酒精中毒、婚姻崩离、子嗣夭折这些事；它们会为人生蒙上一层阴影，让人领略到现实的残酷。不过，就算我能幸免于重大的意外事故和自然灾害，也很难逃避社会的残酷，因为社会的基础是权力，它微妙而又野蛮地运转着。很久以前，我父亲把这个观念灌输给了我，在往后读到的社会科学著作里，这样的观念又得到了证实。

或许是因为我成年的时光一直在大学校园里度过，所以才如此顺利？我的哥哥和弟弟都是学者，他们觉得，校园生活并非春风得意。热衷于政治的学生们都支持一个怀疑论甚至于阴谋论的观点，即校园里充满了剥削者，资深教师会压迫资历浅的教师，而行政人员又会压迫资深教师，如此等等。我曾准备好去相信身边的校园文化里确实存在着这种现象。但我自己的经历又有些不同，因为我并没有感受到多少来自学术阶层内部的压迫。相反，在伯克利，我同其他研究生还遇见了著名的“铁三角”——索尔、莱利（John

Leighly）[1] 和凯塞利——他们都是让人肃然起敬的人物，在大家眼里如同神祇一般。就我而言，他们则是启迪我心智，帮助我事业成长的支持者。我在印第安纳大学和后来的新墨西哥大学做初级教员时，可能因为生性迟钝，或易满足于自身的价值，并未觉得自己被别人剥削过。当然，在多伦多大学（1966—1967）的生涯，令我心酸。究其原因也并非遭遇
118 了不好的待遇，而是在思想上和别人不合拍。但在明尼苏达大学的十四年却是美好的，既有春天般的温暖，也有夏天般的火热。我所在的学院和其他学院的同事们都尽力接纳我。我从未被委派到任务繁杂的委员会里担任什么职务。在学院层面，我远离了学术委员会的那一堆琐事；在大学层面，我进入了大学出版委员会和福特讲座委员会（Ford Lectureship Committee）——这两个职务都是让人垂涎三尺的，前面那个职务可以获得免费的书籍，后面那个可以在举办讲座时享受免费餐食。

后来，在威斯康星大学麦迪逊分校里，我又度过了十四年人生。这段时光如何呢？容我这样说，从一开始，那里的生活就让我想起了坎特伯雷大主教威廉·坦普尔（William Temple, 1881—1944）——这是我非常崇敬的一个人

1 莱利（John Leighly, 1895—1986），美国地理学家。——译注

物，他的一个故事可以作为这段生活的缩影。坦普尔以他的学识、谦逊和智慧而闻名。由于身居高位，免不了有很多人前来拜望。其中有些是势利小人，但如果吹捧得让他们舒服了，他们很可能给教会的基金会捐上一大笔钱，而坦普尔恰恰不擅长阿谀奉承这门功夫。比如说有一次，一个人踱进了他的办公室，他客气地说："琼斯先生，这个座位是您的。"对方高傲地说："可以的话，请您叫我蒙塔古-琼斯先生。""这样啊？"他答道，"那这俩座位都给您吧。"[1]

我在麦迪逊分校里的第二年，有两个教授委员会主任的座位摆在我面前，一个来自研究生院，另一个来自维拉斯信托基金（Vilas Trust）。我觉得自己就好像一位蒙塔古-琼斯先生，但我希望自己不要像他那么愚蠢。随着教师生涯临近尾声，我盼望着能悄无声息地退休而去，不要大张旗鼓搞得众人皆知，一场简餐会就足矣。但我曾经的几位学生保罗·亚当斯（Paul Adams）、史蒂文·霍尔舍（Steven Hoelscher）和凯伦·蒂尔（Karen Till）却在美国地理学家协会于波士顿召开的会议上，以我的名义组织了四场特别的活动。紧接着，大学里的同事、教职员工和学生们又组织了一系列活动，其中还包括一次校长宅邸的接见会、一场专题报

1 这个故事来自 Ross Terrill, *R. H. Tawney and His Times* (Cambridge, Mass.: Harvard University Press, 1973), p. 126。

告和一场晚宴。

一位学者最期待的就是取得知识上的成就。明尼苏达大学和威斯康星大学为我提供了特别优越的环境，让我能做自己想做的事。二十八年下来，我完成了系统搭建人文主义地理学的毕生事业：它由十本书构成，第一本是《恋地情结》（1974），最后一本是《逃避主义》（1998）。20 世纪 90 年代中期，当我开始思考退休这件事时，身边的朋友都还在鼓励我再享受一回才思泉涌的创作。但时过境迁了，虽有学术共同体的慷慨支持，我的创作才智却已经用光了。至今，我都有些难以理解自己的运气为何会这么好。1956 年，当我在印第安纳大学接受第一份工作时，如果有人告诉我职业生涯会有这样一个美好结局，我一定会当成一个幻想或笑话。
119 然而眼下已经写出了这一本本的书。不管这些书离我当初设想的抽象理念有多远，它们都已实实在在地存在着了。学生们对它们错爱也好、无视也罢，它们都已然是这个世界的一部分了。我很满足，很有成就感。那么，为何我还会在“美好的人生”这个标题的后面加一个问号呢？

有一位研究生名叫汤姆·布加特（Tom Boogaart），他在去比利时做研究之前，和我喝了一次咖啡权当道别。当时他几乎是漫不经心地对我说：“您现在已经退休了，但我能看出来您很想了结此生。”我一下子震惊了。难道我的心思能够被人看穿？或者，难道汤姆能洞察到什么东西？因为从未有人向我提起过这种让人不寒而栗的倾向。记得若干年前，我买了一本书，名叫《最后的出口》(*Final Exit*, 1991)，是一本关于“自我拯救和辅助自杀”[1]的手册，内容令我感到失望，因为它让我确信自杀绝不是我人生的选项。小时候，我甚至都不敢想象人们用鱼钩穿过蠕动的蚯蚓时会是什么样子，现在也不敢亲自尝试，就连拍打一只苍蝇都不愿意。如果说，那样的小东西在我眼里都是不可剥夺的生命，那么人呢？我自己呢？所以，自杀的想法是荒唐的。我丝毫没有跳窗或举枪自杀的念头（这些是《最后的出口》里明确说到的），甚至就连优雅地自寻短见的技术和能力都没有。

我是谁？就像本书的名字，听起来太戏剧性，也太具修辞性了，因为现在我已经知道了答案。除非我已经想到了整个故事的轮廓和每一处细节，否则，怎会动笔写一本自传呢？对，还没说到点子上。写作本身，也就是自传，可算是一次残酷的自我启示。无论这个名字是否有修辞感，它都能迫使我触及最核心的问题。我现在知道我之前怀疑的究竟是什么了。在已捋清的所有境况里，最令我沮

---

1 Derek Humphrey, *Final Exit: The Practicalities of Self-Deliverance and Assisted Suicide for the Dying* (Eugene, Ore.: Hemlock Society, 1991).

丧的是：短暂的童年结束后，我内心一直存在着对生命的忧惧。

生命层面的胆怯，最明显地体现在我的人际关系里。我很少主动建立人际关系，因为害怕被拒绝，更害怕接纳过后是背叛。甚至在精力充沛的青年时期，我也显得很被动，只情愿待在同伴友善的接纳里，而从未感到自己能真正成为其中的一员。我想，我的人际关系状况一定同自己年纪更小有关。刚念牛津的时候，我才 17 岁，其他同学都已经 20 多岁了，还有很多是社会经验丰富的退役老兵。刚念伯克利的时候，我才 20 岁，是地理系研究生里最年轻的，有些同学都已结婚生子了。所以，看起来，我似乎并不能完全融入一段关系里。

120 那么，在加利福尼亚州的时候，我和同学们的关系又如何呢？ 1952 年，我上了一个月的土壤学实地课程。这门课简直就是一场入会仪式——尽管是身体上而非精神上的。课上，同学们甚至指导老师，都显得无拘无束，爆着粗俗的话，走到哪儿都是一团哄闹。就这样，我们一星期接着一星期地扎营干活。除了简陋的住宿条件外，体力上的负担还体现在每天反复拆搭帐篷和烧饭上，还要在高低不平的山路上驾驶，拿取土环刀钻成百上千个孔洞，在数不清的农场上进进出出，还要开开关关那一扇扇笨重不堪的大门。面对这些事情，我完全是个门外汉。要么因为缺乏技能，要么因为缺乏体力，很多事情我都干不了，比如说，要在黏土层里钻孔，或者要去摆弄农场的大门。有的同学会悄悄拿走我的环刀，完成我干不了的活儿；还有的同学会抢先跳上运货马车的前座椅，不让我去坐，这样到站的时候，他（而不是我）就能跳出去操纵那扇笨重的农场大门了。对这些事情，我既自惭又感激。

我在他们眼里就只是个小跟班儿——或者换个不好听的说法，是个小妹儿，我发现自己每次出现在他们面前时，他们都会忽然压低嗓门儿，时而还爆出一些粗俗的话来。1952年，我初来美国，在夏天的实地考察中，我上了这门课，成天扎在一群美国男人堆里，让我一刻也不得轻松。因为我觉得自己根本不属于他们这个群体。其实，令我感到排斥的并非种族与文化，而是性别，即他们身上鲜明的男性特质。

很多人都会为了关系的和谐而掩盖自己的不满。我也是这样的人，会为了同样的目的掩饰自己的情感。毕竟，不能自由表达积极的情感是令人压抑的。所以，我时常变得羞涩与畏缩。容我不夸张地说，在青年和壮年时期，我常常沉浸在伤春悲秋的散文和诗歌里。我是孤独的，无人作伴。算了，也就如此罢。毕竟，我还有大量时间和精力来读书、思考、反省和做白日梦。

只是近些年来，随着寒来暑往、岁月累积，我的人生也日薄桑榆，便开始认真地思考起亲密关系来——只属于彼此的排他关系。而缺乏这样的关系，人生又将会如何呢？当我环顾四周，惊奇地发现一个普遍的事实，那就是，几乎每个人至少都有一个能让他付出忠诚与爱的对象，他也能从对方那里获得忠诚与爱的回馈。这样的对象可以是配偶、孩子、恋人、密友或家人一般的群体。但我却不曾记得自己是
121 否拥有过这样的对象。直至暮年，我也只在很短的时间里有过这样的关系，要么是社会性的，要么是职业性的。我也时常浪漫化地看待这层关系，为它赋予了过多的意义。可当爱遭遇挫折时，就会生出多愁善感来，我一直都在对抗这样的情感，但终究徒劳无用。

我想起一件往事。1995年6月，我同史蒂文·霍尔舍一起去迪士尼乐园为加拿大建筑中心做实地调查（这是真的）。他当时是麦迪逊分校的一名研究生。[1] 我们去了三天。一天清晨，暴雨倾盆，我们只好待在汽车旅馆里等雨停。可这雨却一直持续到了下午时分，于是，我俩决定乘公交去迪士尼乐园考察那里的室内演出。可到了这个点儿

1 Yi-Fu Tuan and Steven D. Hoelscher, "Disneyland: Its Place in World Culture," in Karal Ann Marling, ed., *Designing Disney's Theme Parks: The Architecture of Reassurance* (Paris and New York: Flammarion, 1997), pp. 191–198.

上，我们就不得不多等一会儿公交了。如果那时候刚好是我独自一人的话，我的胃里就会因心情沮丧而翻江倒海，思绪也会随之飘到阴暗逼仄的角落里去，心里会想：此时此刻，我究竟为何会在迪士尼乐园里？我待在威斯康星大学里做什么？我为何会身在美国？但是，由于当时有史蒂文陪同，就觉得平静多了。和他待在一起就是足够的理由和目的。我忽然惊讶于在洛杉矶大区六百万人当中，有一个不错的人正陪着我。我沉浸在这样的想法里，觉得史蒂文此刻也一定有同样的想法，因为他对我说，在加利福尼亚州这个地方，他连一个熟人都没有。所以，在某段时间内，在某片地域里，我可能就会成为某个人心里最重要的那个人。

我最早是在什么时候开始意识到自己地位比别人略低 122
一筹的？记得小时候，我为自己不是父母眼里最重要的那个孩子而愁肠百结。但似乎很多小孩儿都想成为父亲或者母亲眼里最特别的那一个，即或不然，成为某位成年人眼里最特别的那个也行啊。小孩子会过度发展这种欲望，就像我一样，想要得到某个人的青睐。但我的这一欲望又发展得太过头了，导致我最后放弃了亲密的人际关系，反而热爱起世界的美丽来，也就是地理学。可当我变得苍颜白发之时，又被巨大的空虚所笼罩。倘若拥有一个永久伴侣来填补虚空是不可能的话，那么，我所渴望的是友情。因为，至少在相处时，朋友能给予我无微不至的关注，能让我感受到自己是他们眼中最特别的那一个。庆幸的是，在明尼阿波利斯，有这样一群人，是学院的同事们，他们陪伴着我。其中有几位比我年长，他们的小孩已进入青春期，不再需要父母的时刻监护了。所以，他们就很自由，可以做他们自己，而不仅仅是当一个好父亲或者好老公。这尤其体现在菲尔·波特（Phil Porter）的身上。每次在办公室里，当我泡好一杯茶和他聊天的时候，都能感受到他完全满足于同我待在一起的时刻，就像我和他待在一起时也同样满足。

除了同事以外，我还与几名研究生建立起了友谊，尤其是和约翰·希基（John Hickey）。我如此理所当然地接受了他的友谊，以至于在1974年，我随意地问道："嘿，约翰，你愿意送我去加利福尼亚大学戴维斯分校吗？开我的大众甲壳虫去。"哪知，他连眼皮都没眨一下便同意了："当然可以。"这意味着我们要开三天的路程，之后约翰将独自坐飞机回到明尼阿波利斯。一年以后，他又要搭乘飞机来戴维斯分校，然后穿越三分之二的北美大陆，一个人把我的甲壳虫再开回去，这样，我就可以更快捷地乘飞机返回了。当时，我心里真是充满感激。但回想起来，那样的感激也显得杯水车薪了，因为现在我想起他竟愿意付出好几天的代价来帮我，实在是个奇迹。[1]

1983 年，我到了麦迪逊分校，发现自己来到了一个同事年龄都比我小的学院。他们都才 40 岁出头，家庭成员也很年轻。除了教学和研究之外，还需要花费大量时间和精力照顾家庭。同他们待在一起，我得随时注意时间，因为他们说不定能给我多少时间，反正是在排得满满当当的家庭日程表里挤出来的。我逐渐学会利用他们全家出游的机会来交往，而非指望他们专门陪我。在极少数的时候，当我提出个人化的请求时，比如，邀请某人出席我的公开课或在书店里的读书会时，他们的回答通常是模棱两可的。他们的犹豫不决、寻找借口并非出于恶意，只是在事情的优先级上一时拿不定主意而已。那些工作以外的时间，哪怕不是特意留出来 123
用于做家务，也要优先考虑用来休息，恢复精力。

在麦迪逊分校里，我很快喜欢上了这群同事和他们的年轻家人。作为一名华裔，我还为自己比较年长、能扮演一下大哥的角色而高兴过。但能否得到友情，真正的友情，则又是另外一回事了。因为在这样的人际关系里，一个人不仅要懂得付出，还要懂得提要求。而我又是一个特别不愿提要

---

1 我还应该提一下，1997 年夏天，贾缪尔·里普利（Jemuel Ripley）开车带我从麦迪逊到明尼阿波利斯，和我在购物中心度过了一天。当时我必须去参加一个研究项目，但他不是必须要去，而且他以前曾去过那里。所以他是纯粹来帮我的。

求的人，只在极特殊的、迫不得已的时刻才会开口。十多年前，我突然病倒。那是周六的一个下午，和往常一样，我正在科技楼里上班，忽然感到身体不适，恶心反胃，持续不断。我给我的医生打电话，但因为是周六，他不在。旁边的一位医生接起了电话，但他却全然不顾我的病史如何，直接建议我去急救室，因为他判断是心脏病发作，还建议我尽量不要开车。我给麦迪逊分校里认识的同事挨个打电话，除了一个同事以外，其他人都刚好不在家。但即便那个在家的同事，也不能来帮我。在电话里，他说："我知道你想说的，你想让我开车送你去医院，但我已经有一个更重要的约会了，所以来不了。"

我不记得当时那个更重要的约会是什么。尽管他后来以我的名义帮忙打了一通电话，但那一刻，我确实表达不出对他的任何感激。因为一开始的拒绝，让我深感震惊。我理所当然地觉得，在生命的危急关头，我应该能指望得上一位在餐桌上谈笑风生的朋友来帮忙的。因为即便是陌生人在遭遇这种情况的时候都会施以援手。比如我打 911，难道在十分钟之内，救护车不会鸣笛赶来？难道年轻的医务人员不会匆匆地上楼来找我，就像来找他们病危的祖父那样吗？过后，我把这件事讲给了同事鲍勃·萨克（Bob Sack）听，他是我的一位密友。他试着安慰我说，那位同事不温不火的反应是有原因的，而且他后来对我的帮助也是慷慨的，只不过并非以我期待的方式。总之，那时候，我有些神经过敏了。我勉强地点了点头。我觉得自己背脊发凉，空气凝固。因为我听懂了他的潜台词，那就是，如果当时是他在家里接到了我的求救电话，他可能也会找个借口推辞不来。

那个周六，吉姆·诺克斯（Jim Knox）在家，他接到电话后赶来我这儿，开车把我送到了急救室，并持续三小时陪在我身边。我心里真是五味杂陈。检查结果是我没有心脏病。当然，那时候没有人知道这一点。过后，我很感激吉 124
姆，他竟然花了三个小时陪在我身边，而他本可以利用这些时间去陪女儿萨拉读书，陪妻子凯西（Kathy）一起购物的。

我也在想，如果一开始我就给吉姆打电话，我的期待会不会立刻得到响应？这样，我的价值感会不会高一点？这并不是一个受人尊敬的学者的价值感，而是作为一个蹩脚的两足动物、有着各种需求的人的价值感。给自己的朋友打电话这种小事，竟会生出这么大的差异来。一个成年人的自我价值感应该是比较牢固的才对，而我的价值感却依旧不牢固。而且，当那名医生叫我去急救室的时候，我内心的恐惧又是怎么一回事？是因为死亡吗？还是因为别的什么东西？我觉得不是死亡，而是对孤独的恐惧，对只身一人在医院里无能为力的恐惧，对置身于心灰意冷的环境里的恐惧。那一刻，我脑海里充斥着各种各样琐碎的问题。我的医保单据在哪儿？需要带牙刷吗？有干净的睡衣吗？更严肃的问题是，到时候我是否能以合宜的坚韧去忍受接下来的疼痛？

在经历了周六的那场虚惊以后，周日，我在家里恢复体力。周一，到了午饭时间，我本该像往常那样上楼去休息室里和同事们一起吃饭。但我却犹豫不决，寸步难行。最后，我找了另外一处地方用餐。从那以后，我就再也不和大家一起吃饭了（员工会议或其他正式场合除外）。我这样躲避，并非刻意为之，而是我已经无法再在那个地方去面对同事们友善的面孔了，否则，我的期待又会落空。

这本自传里重复出现的主题是生命力的欠缺。生命力体现在身体与情感的冒险中，像跳伞运动，也像冒着被拒绝的风险去表白，而拒绝本身也像是一种死亡。但俗话说得好，不入虎穴，焉得虎子。显然，你会收获生活的热情。我可能比某些人显得更有生命力一些，比如阿尔弗雷德·罗素·华莱士的弟弟。但我也依然能强烈地感受到自己在这方面的不足。当把自己同那些活力四射的人，例如小说家约翰·契弗（John Cheever）放在一起比较时，就能在悲伤和遗憾中深感自己的怯懦。这样的遗憾，无边无际，因为，现在寻求改变已然太迟。但契弗却一直在勇敢地爱着别人，有时，他还会毫无顾忌地要求别人也给予自己爱的回馈。他不仅拥有我曾有过的一切，做过我能做的所有事情，他还把我的幼稚幻想全都变成了现实。

契弗写道："年轻的时候，一日清晨，当我醒来，发现 125
自己正躺在乌七八糟的房间里一张脏兮兮的床上，贫穷孤独又饥肠辘辘。心里想着，将来有一天，我应该在自己的房子里醒来，臂弯处搂着软玉温香的新娘，窗外的草坪上传来孩子们的欢声笑语。**后来，我真的做到了**。"（他自己加以强调。）他描写了婚姻的幸福。他在树林里，和孩子们一起，等待妻子的出现。"她赤露着肩膀，裙子口开得很低，握着一束百合花，迎面而来，散发出忧郁的馨香。我俩称心快意，她挽着我的胳膊，一起在林间漫步，一直走到最后一束天光隐去。山毛榉叶像弹片一样在空中四散开来，我们就在树下，手挽着手。在历经了多少个岁月的爱情洗礼，在无数次性爱的合一之后，我想，我们最后就像置身于某座校园里的氛围，仿佛印在游戏卡牌上的一对恋人。"

他的日记在他去世后的1991年出版，里面最温柔的记叙是关于他的孩子们的。其中有个孩子名叫弗雷德里科（Frederico），彼时刚3岁。"我和小儿子在阳光下散步，我对生命的热爱一起堆积在了他身上，而他，却用最美好的稚气填满了我的心房。"下面这段话是关于他的大儿子的，就像一支狂想曲：

黄昏刚刚结束——仲夏夜、星空、萤火虫……我的大儿子光着脚，穿着一条卡其裤，站在一座桥上，下面溪水流淌。他现在已经是个男子汉了，声音低沉。他正举着一只烟火筒，用两三根火柴引燃了导火线。接着，粉色的火焰噼啪作响，发出尖锐的嘶嘶声……火光变成了绿色，又变成了红色。周围的树木光影交汇，仿佛在一座圆形剧场里，又如繁星璀璨。我望着他可爱的脸庞，俊美的形象。心中除了对他的爱以外，别无他物。我们刚吵了一架，因为他把床尿湿了……但这一切都已过去了。我俩之间除了彼此的爱和钦慕以外，已无任何过节。

契弗是一名双性恋。他不仅爱慕女性，也爱慕男性，哪怕他知道那些帅气的快递员、服务生就像顶在他头上的一把枪，充满威胁。他最深层次的同性恋取向是渴望得到男人的照料。他梦想自己躺在一个男人的臂弯里，而那个人“可以为他付账、叫车、给他钱花，还能开车带他穿越风暴”。但这些都不仅仅是梦想而已，因为契弗有勇气将梦想全都变成现实。他曾经就有这样一个恋人为他办理了所有的出院手续。“他迟到了二十分钟，”契弗写道，“但他来到医院后，就开始为我打包所有物品，百般温柔地陪我出院，一路开车，温柔地抚摸我的腿，不停对我讲述逸闻趣事。回到住的地方，他脱掉我的外套，为我清洗衣服上的血迹，并令我骋欲尽欢。”

契弗经历的爱意、情欲和温存比他讲出来的还要多得 126
多，但他仍觉不够。他在无数个场合里，倾诉过对自己小孩的温柔。但他的口吻仿佛那些情感鲜有到来，哪怕体验到一丝一毫都像是奇迹。“这是多么让人难以理解的欲望啊！冬夜、末班车，在罗马式有轨电车拥挤的车厢里，有人无意间把手搭在了我的肩上。但我没有去看他到底是谁，所以，不知是男人还是女人，是妓女还是牧师，但这样的触碰却激起我内心深处最渴慕的柔情蜜意，令我膝盖发软。”[1]

当我读到他的抱怨、一遍又一遍在日记里诉苦时，心里就会升起一股怒火，就好像自己是个饿得半死的佃户，见到主人在饭桌上大快朵颐还不停抱怨鸽子肉不够吃一样。

在爱和亲密关系上，我就是那个饿得半死的佃户。但不管怎样，我还是有一些面包屑，虽然尺寸不大，但却是美味的，质量也不差。如下两件事一直藏在我心里，为我人生中的漫长冬季而预备。

---

1 John Cheever, *The Journals of John Cheever* (New York: Knopf, 1991).

1988 年，我曾约鲍勃·萨克和凯伦·萨克（Karen Sack）一起来庆祝我 12 月 5 日的生日，但那天他们都染上了流感，我只好和往常一样在办公室里工作。直到准备离开的时候，电话铃响了。我接起电话，听见一个小男孩儿细微犹豫的声音，问我是否愿意和他一起吃饭。我听出来这是他们家 10 岁的儿子约书亚（Joshua）的声音。他觉得有义务庆祝一下我的生日。之后，我到他家，和他一起踏雪来到隔壁门罗街（Monroe Street）的一家餐厅里。约书亚是个非常英俊的男孩儿，他还为当天这个场合，把蓬松的头发朝后面梳得光光亮。在拥挤的餐厅里，我俩坐在一张小餐桌旁。周围的人都探头探脑地朝我们这边看过来，露出不解的微笑。他们一定在想："这到底是怎么一回事？这个男人很明显不是这孩子的祖父，也不像个保姆。他们到底是什么关系？他俩会聊些什么？"然后，约书亚就开始问我最近过得怎样，接着讲述起他在佛蒙特州（Vermont）祖母的小屋里度过的一个暑假，和那边山上的冰川。

多年来，我一直翻来覆去地讲述这件事，甚至还为此写了一篇文章，1989 年发表了出来。[1] 这件事真是历久弥新，

1 1989 年秋天，我在麦迪逊的 *L&S* 杂志第 4 页上发表了这个故事的一个版本，题为"Good Life and Old Age"。据我所知，这本杂志是分发给成千上万的校友的。因此，这个故事可能比我写过的任何论文或书籍都流传更广。

在我心里分量十足。就像现在这样，当我写这个故事的时
候，忽然觉得自己很可能是第一个同约书亚共进烛光晚餐的
人。这是怎样的特权啊！当然，这也有些奇怪——甚至有些
伤感——像我这般年纪和阅历的男人，回首往事时，竟还能
生动地勾勒出同一个孩子共进晚餐的场景。这件事当然有迷 127–128
人的美感，但有人也会很理性地问道：“难道就没有比这更
重大的时刻了吗？比如，当你作了一次成功的演讲后，人们
对你表示喝彩的时候？比如说《高等教育纪事报》（*Chronicle
of Higher Education*）对你做出很高评价的时候？又比如说滑
铁卢大学校长授予你荣誉学位的时候？”

是的，我很高兴自己能取得这些成就，它们在我人生的特定时刻里也是很重要的。但此时此刻，它们在我心里已激不起任何波澜了，特别是当我痛心伤怀，需要安慰时候，它们似乎不起什么作用。如果说，这些事还一直徘徊在我记忆的洞穴里，那也是因为我的雇主要我记住它们，好作为我官方履历的一部分而已。从这些成功里，我能收获快乐，但全然不是源于内心深处的快乐，因为这些成功只反映出普通大众在传统意义里的智慧而已。能为生命给予最深满足感的是那些平凡的经历，而这里的“平凡”，指的是我们这些“普通人”可以像那些有财富、有名气、有才华的人一样享受到幸福，而通常我们意识不到自己其实和那些人一样在幸

福地生活。这个世界比我想象的还要公平，公平地分配着至关重要的好东西。

十年后的一个经历，是另一粒值得珍藏的面包屑。1997
129 年12月12日，在四十多年的教学后，我上了最后一课。我把“空间与地方”这门课的学生作业收上来后，看到里面有些个人化的评价。其中一位名叫彼得·普罗哈斯卡（Peter Prohaska）的学生写道：

> 我希望这份评价不要影响您的地方感和家园感。我的室友也来听了这门课，在一个温暖的秋日夜晚，我发现您刚好就住在我们街对面。这真是命运使然，我们不仅能上您这样一位著名人物的“空间与地方”的课，还能偶然发现您竟然就住在我们附近。这对我们上这门课而言有很大的帮助。因为我的其他朋友一听说您住在街对面，都很感兴趣，接着我们就会聊起这门课的内容来，尤其是从这样的机缘巧合里产生出来的很多问题。当我写这份作业的时候，您窗户上那盏让人熟悉的环形灯都还亮着，说不定您当时正在读一份人类学的文献吧。这真是难得的运气。当我思考地方的营造，思考何为家园，甚至想象在暴风中建造一个庇护所的时候……甚至当我阅读 C. S.

刘易斯[1]的书或者您写的书《道德与想象》的时候，就会觉得，在街道的另一侧，有个人始终会伴随着我的思考而频频点头给予肯定。由此，师生之间的纽带似乎就在教室之外的时空里连接了起来，无论彼此是否能感知到。我期待着您能读到我写的这些话，……是想真诚地感谢您把本真的情感和欲望灌注在了我们这些学生的心里，让我们带着您培养起来的思考与关注，更好地去理解这个世界。

后来，我便邀请了这名学生和他的室友林迪·纳尔逊（Lindy Nelson）到附近的一家名叫威尔逊街烧烤（Wilson Street Grill）的餐厅吃饭。很奇怪对吗？可能因为我自己是无根的人，所以，我人生中最值得珍藏也是最勇敢的时刻，竟然大多数都出现在了咖啡厅或餐馆里，而不是卧室或厨房里。我对公共场所的依赖，以及偶然短暂的情感经历，总让我觉得自己是不成熟的。我缺失了两个关键的人生阶段——婚姻和抚养孩子。我还没长大就变老了，从未体会过传宗接代的压力和喜悦，也未承担过家庭的责任。但不成熟却成了我的安慰，因为，人类都是不成熟的。

1 C. S. 刘易斯（Clive Staples Lewis，1898—1963），英国文学家。——译注

不成熟意味着从未有过“在家”的感受，从未觉得自己归属于某个地方。我们人类有时候会羡慕动物，因为和我们不同的是，它们始终是待在自然的栖息地里，即家里。但我们人类却在所拥有的事物上发展得太过头了，不仅是自然栖息地，还有人造的各种保护壳，从鞋子到房子再到思想。人类成熟的过程太漫长了，所以，我们就习惯于待在幼年的状态里，习惯于保持“未来我们还能有所改变”的思想。但是动物的幼年期却很短暂，仿佛它们命中注定就是要变得成熟起来，成为一个适应力强、稳定可靠的成年动物。但人类
130 的情况就令人困惑不解了，因为人的特质千变万化。动物的情况则不那么复杂，它们的特征是清晰而稳定的，比如獾、鼹鼠、老鼠、蟾蜍，每类东西都有其特定的习性。

从天性上来讲，人类一直是无家的，所以，他们一直在努力建造家园，力图获得稳定。社会习俗就是一个家。人在很小的时候就会被教导如何遵守一套社会习俗。而效验如神的是，他们会不知不觉地被习俗浸染，说话和做事都好像是出自本能一般。大孩子会凭着自己的习俗去违抗大人的习俗，比方说，把头发染成绿色或粉色。而在另一种规模和层面上，社会政治革命就是对习俗的挑战，它借由常规的方式诸如游行、口号等革命实践活动来完成。

在我看来，最有意思的不是群体性的离经叛道行

为——它们都是“不成熟”的表现，当然它们也很重要——而是个体性的、带有玩闹性质的、无意识的反常行为，这种反常行为实际上是“创造性”的另一种称呼。之所以同约书亚一起吃饭——在我看来很有意思——也是因为它的不寻常性。倘若我是他的祖父，或者，刚好那天是他的生日，那么聚餐尽管也会令人愉快，值得纪念，但它就成为一件遵守习俗的事了，是关乎礼节类的书籍都会提及的事。同样，一名教师表扬自己的学生是正常的；但一名学生以同样的方式和措辞去表扬自己的老师则不合习俗。如果说，这些例子太个人化、太琐碎的话，那么我再举另外两方面的例子，它们能够集中地体现出这种不寻常的心态对人类社会有多么重要。首先是道德层面，有一些自发的、非凡的举动，其中必然会有年轻气盛、头脑发热、一时冲动的成分；而传统的道德教化书籍和行为守则（此二者都是稳定习俗的宣扬工具）却绝口不提这些因素。还有学术层面，有一些创造性的理解、打破旧体系的认知，其中必然会有异想天开、误打误撞、胡乱尝试（即“不成熟”）的成分，但它们可能会打破旧有的学术藩篱。

看来，说到不成熟这件事，还引发了一股自豪感呢，但其实，还是有令人遗憾之处的。因为有时候，我会十分渴望拥有一个名副其实的家庭，一个永久牢靠、彼此依赖的关系——这意味着成熟。甚至在软弱的时候，我还渴望自己能栖身于一个辉煌灿烂的学科，其中大师巨擘比比皆是，学科体系枝繁叶茂，学术奖项久负盛名，而自己能在里面占有一席之地。但是，命运却另有安排。

让我以一件封存的小事来结束吧。就像我曾说过的，
131 我不太擅长记事，所以我无法记得这个事件发生的年份或准确的地点，但不管怎样，这件事发生在我来威斯康星之前很久的时候。有一次，已过半夜，我独自在内布拉斯加州疏落的景观里驾车向西而行。在不宽的高速公路上，只有我和前面一辆车在行驶。我们一直结伴而行。我对自己的驾驶技术一直信心不够，尤其是在黑夜里，所以，我很感激前面那辆车的尾灯，一直引导着我，给予我安全感。但当我开始觉得这样的陪伴是理所当然的时候，他却闪起了右转灯。这是颇有礼貌的信号，但也是令人遗憾的，因为此后，就只剩下我独自一人了。那辆车拐进了一条乡间小道。于是，就只剩下我自己的车前灯来引路了。这灯光只能照亮很短的一段路，而这路，在更远之处，则被吞没在了重重的黑暗里。

致谢

首先，我要感谢美国学术社团理事会邀请我作题为“致学一生”的演讲，因为它激发了我的欲望，希望超越纯粹的学术生活，走向更完整的东西——这本自传。美国地理学家协会的执行理事罗纳德·埃布勒（Ronald Abler）为我积极争取并发出了诚挚的邀请，特致以衷心感谢。

我写完本书的草稿后就着手付梓。令我高兴的是，威斯康星大学出版社的编辑玛丽·伊丽莎白·布劳恩（Mary Elizabeth Braun）从一开始就表现出了浓厚的出版兴趣，并鼓励我将其完成。为我加油鼓劲的朋友还有莎莉·汉森（Sally Hanson）、李·汉森（Lee Hanson）和大卫·洛温塔尔（David Lowenthal）。前两位刚和我成为朋友不久，几个月前，我们在周六早上喝咖啡时相识，但是时间的长短对友谊来说完全不重要！至于大卫，我们第一次见面是三十五年前在俄亥俄州的哥伦布。从那以后，他不仅是我的朋友，也是我的榜样和灵感源泉。出版社的每一位编辑都是我的老师，告诉我如何拼写，如何按照语法书写，如何避免繁冗的语句。我很幸运有优秀的老师，现在的责任编辑波莉·库梅尔（Polly Kummel）就是其中之一。

我要感谢我的哥哥段岱孚、弟弟段三孚，还有妹妹段思孚，他们帮我回忆起了童年的很多事情。我羡慕他们的好记性。我特别感谢他们，因为我一直很怕这本回忆录会向他们展示出一个从来不认识的兄弟，但他们帮我放下了这个心理包袱，并且愿意提供帮助。

许多人——包括我的父母、老师、兄弟姐妹、同事和学生——都在我成为今天这样的人的过程中发挥了作用。我感觉对他们有很多亏欠。如果有什么道德上的瑕疵，我要负全部的责任。

附录

2012年的一次演讲

本书翻译过程中，译者联系到段义孚先生，询问先生在本书出版过这么多年之后，是否对“我是谁”这个话题有了新的理解，若有的话，可否补充些内容以飨中文版的读者。段先生答复说，他对这个话题的新理解，集中体现在了这份演讲稿中，并将稿件发来。译者把它放在本书附录里，这是这份讲稿首次公开出版。

我虽然也看报纸，但对政治却没多少兴趣。到了21世纪，美国的身份政治吸引了我，然后是国际上的霸权政治吸引了我。我原本一生都致力于成为一位人文主义地理学家，但令自己都感到惊讶的是，就像下面这场演讲体现出来的那样，我在垂垂老矣的时候却成了一名政治地理学家。演讲是在2012年夏威夷大学举行的。听众里的夏威夷人和非裔美国人感到很不安。他们并不赞同我的世界主义和个人主义的观点，因为这同地方之根和地方主义的观念相左，而后面这些观念又恰恰是我们这个时代最流行的政治风格。

文化多样性、现代性与个体

借着这次演讲，我想提出一些观念，尽管现在听起来这些观念完全不切实际，但可能会打破当前这种对文化的僵化理解，给我们一种新的方式去思考文化的多样性、现代性和个体性。这种新思考方式的核心是对人的尊重，这样，一个人在大地上短暂逗留的这段时间里，才有机会向世界上最好的东西学习，而不囿于他自己的小圈子里面。这种观点听起来夸夸其谈、不切实际而且口气很大，似乎想要实现这种道德与实践上的意义，只有在某种宗教信仰的支撑下才可以，但是时间有限，宗教信仰的事我就不提了。

这是一个小世界

让我以一则有趣的经历开始。1995 年，为了了解沃尔特·迪士尼（Walt Disney）的创作对当代建筑有什么影响，我同一群美国主义者和建筑师一起参观了迪士尼乐园。在大大小小的景点里，最受欢迎的是一个名叫“这是一个小世界”的地方。最初，它是为纽约世博会设计的，很受欢迎。世博会闭幕后，它搬到了迪士尼乐园里。直到今天，人们还很喜爱它。我们一行来到了“这是一个小世界”的入口，踏上一艘船，进入一处黑暗的洞穴。在那里面，我们见到了来自一百个国家的三百个动画娃娃的歌唱表演。他们都身着别致的服装，为观众带来了朗朗上口的歌曲。起初，动画娃娃的服装色泽艳丽，但随着我们一行深入洞穴，他们的服装渐渐失去了颜色，直到旅程结束时，服装都变成了白色。随后，我们队里的那位美国主义者一针见血地评论道：“这段旅程显然是以前的人设计的，那时候的社会强调人类的共性，而不是差异性。服装的色泽艳丽，突出了差异性，但在旅程结束时，颜色逐渐消失，突出了理想的共性。”她接着说：“虽然世界很小，但如果把这趟旅程颠倒过来，以白色服装的娃娃开始，而以彩色服装的娃娃结束的话，那么，这就和我们现在所处的时代一致了。”以共性开始，以多样性结束，才是我们今天的理想和趋势。

我已经活了足够长的时间来见证这种逆转。令人心惊胆寒的二战结束以后，人们渴望和平，为了保证和平的延续，人们便强调彼此没有什么不同，虽然都是潜在对手，但也有很多相似之处，都是人类大家庭里的成员。但在20世纪最后二十五年里，人们不再支持这种观点了，因为大家越来越意识到，“同一个世界”的心态并不像它看起来的那么天真无邪，它反而有着霸权主义的倾向，而且，不光是帝国主义，就连现代化本身都有一种夷平效应，会使得地方和文化变得越来越趋同。很显然，人们的情绪已经摆向了另一端。现在，我们强调的是差异性而非共性，强调社区而非个人，强调稳定而非进步。

文化多样性与现代性

文化多样性与进步性之间有一种令人不安的紧张关系，这或许可以解释，这两个东西为什么很少肩并肩地同时出现。当有人夸赞文化多样性的时候，就像自由主义者常做的那样，就会对进步性持怀疑态度，认为进步性关联着文化帝国主义和经济全球化。相反，推崇进步性和现代化的人士则会对文化多样性持怀疑态度，认为后者是在怀念过去，更糟糕的是，把人刻意划分成彼此不相容的群体，而这些群体本来完全没有那么大的不相容性。

我应该表明自己的立场才对。我其实属于进步和现代化的阵营，这意味着我会支持个人的福祉，即便这意味着要牺牲集体，而不是为了集体的利益去牺牲个体。我之所以采取这样或那样的立场，背后有很多原因，其中一些原因尤其重要。我先来说一说最简单的原因。与人们的普遍看法相反，我认为，现代化让人们的日常生活产生出了更多而不是更少的文化多样性。诚然，你到任何一个人口密集区去看城市景观时，都会见到购物中心和摩天大楼，由此，我们便看到了一致性。但是，当我们参观某座繁华都市的核心区时，或者即使是一个规模不大的城市里的核心区，也会遇见强烈的多样性。以威斯康星州的麦迪逊为例。当漫步于市中心，我会一头闯入眼花缭乱的文化里，星巴克、寿司吧、爱尔兰酒吧、当代艺术博物馆、圣公会教堂、宣传宝莱坞罗曼史的电影院、出售印度教用品的商店，以及做瑜伽、佛教冥想、空手道和针灸的场所。麦迪逊是州议会大厦和大学的所在地，可能会呈现出文化的大杂烩，但这种丰富性远非麦迪逊所独有，任何一座拥有国际化愿景的大都市，包括世界上成千上万的小型大学城里，都能拥有这样的丰富性。

请注意，我所讲的文化多样性并不是一群彼此孤立的个体的集合，仿佛特定类型的建筑与景观都只是每个国家的本土天才创造出来的。相反，它是商品、品味和思想加速交流的结果，而新的通信与物流技术使得这种交流成为可能。

两者有什么区别呢？不同之处在于，过去的多样性是因孤立而产生出来的，纹理显得粗大。人们可以乘坐火车或轮船从一个国家前往另一个国家旅行来了解不同的文化。但是，以技术为基础，通过高速的文化交流与贸易而产生出来的文化多样性，其纹理是细密的，人们一边走路一边就能体验。而正是这种体验的便捷性才支持了我的观点，也就是，如今人们更有可能去认识文化的多样性，它作为日常生活里的一部分，比几十年前更容易被人们所认识。

所以我认为，正是因为进步与现代化才使得细密的文化多样性成为可能。让我换个角度来讲，从文化多样性转向文化本身来看。文化是人们与生俱来的东西，但当人们把文化当成自己的身份认同、自信与骄傲的来源时，就会向文化本身变本加厉地索取更多。首先，人们会相信自己的文化完全是由本民族创造出来的，这一信念是错误的，因为各自的文化总是会受到其他民族思想产物的影响。而至于如何去探究自己的过去，寻找真实的细节，以此去重建一种文化，则存在一个难题。这个难题在于，除非开展的是一种有条不紊、一丝不苟的探寻，否则，建构出来的东西很可能只是一种迷思而已，而非真实的历史。

但迷思又有什么问题呢？所谓迷思，是指渲染了想象甚至幻想色彩的历史。我认为，这本身并没有什么问题。因为用想象力去创造迷思或任何艺术作品都是值得称许的。但是，在政治压力下运用想象力去建构一种文化的产品，比如某个节日，就另当别论了。就这一点，我有必要讲述一个具体的例子。

宽扎节与教育

我想讲的例子是宽扎节，这是1966年为非裔美国人赋权而设立的一个节日。那么，这个节日里的事件究竟来自非洲真实的信仰与实践，通过大量的研究才为人们所知晓，还是仅仅是为了响应当时的政治需求而临时构建出来的？当然是后者了。尽管如此，宽扎节还是流行了起来。想参与进来的人不计其数，这不足为奇，因为我们都喜欢把自己归入某个亲缘关系里，借着说话、穿衣、饮食和舞蹈来自豪地呈现自己的血统。但宽扎节是否真正提升了人们的自信，是否真正超越了节庆的场合，让人们的情绪和志向得到了升华呢？我表示怀疑。自信可以变成自欺，除非自信建立在真实的东西上面，其内涵不仅被自己认可，也要受到其他民族的认可才行。那么，对于曾经的非裔美国人而言，宽扎节又意味着什么呢？

为了回答这个问题，我来讲述一个应该发生但没有发生的事情。假如内战结束以后，黑人领袖选择采用教育这一手段来提高全民族的素质。再假如他们选择这一途径的原因，是因为发现这一做法曾经很能鼓舞人心，也就是说，尽管过去的种植园主残暴地压制人们读书写字的愿望，但当时，人们依然勇敢地在学习读写。可想而知，如果黑人领袖当初将那一点点资源用于教育，那么通往经济与政治的成功道路就没有那么畅通了，其结果便是今天的国会里几乎没有黑人代表，也没有黑人社群，商界里也没有黑人大亨。但是话说回来，如果对黑人的教育从一百五十年前就开始重视，那么今天，最优秀的大学生、学者与科学家群体里，黑人的比重会不会远超其人口比重？也就是说，通过占领知识高地的方式，而非占领其他高地，会不会让非裔美国人在政治、经济等领域里取得比今天更高的社会声望？

作为精英财富的民族文化

以史为鉴可以洞悉未来，让我们变得更明智一些。现在，让我转过来看一条已经走过的道路，已经发生过的历史，并以下面一种方式来提问：有没有在一段时期内，一群人会认为自己处于世界的中心，而今却落于边缘地位？答案是肯定的。仅在一个世纪前，都还存在着这类孤立的小群体。他们都相信自己位于世界的中心，直到与西方打了交道后，这样的信念才逐渐瓦解了。

想想哈德逊湾南安普敦岛的埃维里克族因纽特人，以及猎人和渔民。他们曾认为自己的岛屿位于世界的地理中心；甚至觉得自己的岛屿还是世界人口与文化的中心。埃维里克族因纽特人的民族中心主义并非无知的幻想，而是以经验与推理为依据的。他们越是远离自己的定居地，遇到的人就越少，而且来到他们定居地的外来者也只是极少数，并总是会向他们请教知识和智慧。

想象一下，当二战期间埃维里克族因纽特人突然遇见一大群美国士兵来到自己的岛屿建造一个简易机场时，他们会何等惊讶。那些士兵会表现出真正的实力，而不需要当地人的帮助。一夜之间，埃维里克族因纽特人忽然沦为自己主场上的板凳球员。不久以后，他们便认识到自己其实只是世界上众多人群里的一小部分而已。对于强大的外来人而言，自己只不过是一个民族而已，是其他人猎奇的对象。所以，一个民族的确可以继续自豪于自己的传统习俗，但却丧失了自豪感里至关重要的一种信念，那就是处于世界中心地位的信念。

随着处于隔绝状态的民族越来越少，独特的文化也在减少。世界的调色板，曾经那样丰富多彩，现在也开始变得苍白起来，失去了异域色彩。那么，关键的问题是，谁会对这样的损失感到遗憾？隔绝的民族不会感到遗憾，因为他们对世界的认识没有超出自己定居点的范围。所以，我再问一次，谁才会对这样的损失感到遗憾呢？我的答案是，西方的精英们才会。他们将世上的文化视为自己的财富。像博物馆馆长就是如此，他们随时以警惕的目光守护着自己的收藏品，生怕遭遇任何损失，即使其中某些物品在当地人看来一文不值。除了博物馆馆长以外，还有一些精英人士，像人类学家、语言学家，也都倾向于将少数民族的文化和语言视为自己的财产、自己的财富。当他们呼吁着要去保护这些财富的时候，也部分是因为自己的研究所需，以此可以建立起个人的声望，这些声望都有赖于那些异国生活方式的持续存在。最后一点也是最重要的一点，文化的多样性还受到了有钱游客的青睐。有钱的游客始终渴望享受琳琅满目的土屋、服饰和舞蹈，所以，这些东西都需要保存下来才行。

先进的社会与变革

先进的社会往往把民族性的社会与文化视为静态的事物，并把其中的任何变革都看成是非本真的东西。然而，他们却把自己文化里的任何变革都看成一种积极的进步。欧洲、中国和印度就是典型的例子。它们都发生过翻天覆地的变革，废除了不良的习俗：曾经在欧洲，即便是最轻微的罪行也会受到极其残酷的惩罚；而在中国，女性缠足的习俗存在过上千年；而在印度，几千年来一直存在着严格的种姓制度，它是该文明的核心。像中国、印度这样的大型且复杂的文明，能抛弃根深蒂固的习俗而不损害文明的整体性，这实在是一件幸事。然而，对于小型民族文化来讲，情况就不是这样子了，失去了某种习俗，即便没有太多的道德审美价值，都会造成一种难以弥补的损失。

现代性、自我的延伸与个人主义

抛却恶俗是件好事，但美德与良俗一旦丧失了，还能重新找回来吗？我想，不太可能，因为这样做就需要恢复整个生活方式才行。例如，倘若埃维里克族因纽特人丧失了一贯的狩猎方式，那么他们还能在面对困难和危险的时候重拾一贯的坚韧品格吗？或者，从更广的范围来看，当西方世界的物质基础已经变得面目全非的时候，它如何才能够重新恢复忠诚的骑士精神，这一曾经有过的美德呢？然而，在现代，我们可以看到，因为有一些历史学家、历史小说家、考古学家和语言学家，哦，对了，还有电影导演们，特别是那些致力于准确刻画历史的电影导演的努力，曾经的岁月才可以重新构想出来，甚至部分恢复出来。例如，刻画 19 世纪波士顿的场景里要准确使用爱尔兰的土腔，或者，拿破仑军队里士兵制服的裁剪方式一定要正确。这些学者和艺术家让我们可以重新想象我们的自我，超越“我们是谁”的藩篱，延伸至我们本来可以成为的样子。这意味着，即使整个民族的生活方式无法重建，但作为个人，我们在一定程度上也能在当下重新去体验过去秉承的美德。

从文化所定义的自我，转变为有着多种模式的易变自我——包括从过去、现在甚至是构想出来的未来模式里进行选择，这就是人类转入现代性与个人主义的关键一步。少数民族，即使知道这条路，也不愿走上这条路。而社会精英们却常常鼓励少数民族，告诉他们说，他们的价值观与实践都足以带来自我价值感。而结果呢？无论少数民族曾经有过怎样的自信，在面对现代性的时候，这种价值感都会变得难以捉摸，因为这取决于他们是否处于世界的中心地位。而为了能在一定程度上重新获得这样的中心感，少数民族必须感到自己拥有某些东西，这些东西能提高世界各地的人类尊严与价值才行，而不光是拥有一些能展演自己的特色习俗和节庆活动，招揽一下游客而已。正如我们所见到的，西方社会在奔向现代化的过程中，已经失去了某些传统的道德价值观。而让这些价值观复兴，不仅有利于西方，还有利于受到西方侵害的其他人。那么，少数民族体现自身贡献的方式，就可以是去劝告那些先进社会里的人们，要尊重一切生物和赖以生存的自然资源。就像埃维里克族因纽特人这样的群体也可以通过在极端的身体胁迫下体现出勇气和坚韧的美德来做出自己的贡献。更一般地讲，这种坚韧的生活态度，虽然承认生活的可能性，但也能让人看到其中无法改变的局限性。而在帮助这些价值观与美德不断复兴的过程中，可以说，这时候，少数民族才是西方人的老师，即便少数民族依旧生活在西方的阴影下，即使他们传授的经验被许多人忽视，他们依然能够重新获得一种中心感。

而至于个人主义，我认为，现代性总是将人当作一种独一无二的实体来看待，而不是某个群体里的一员。传统社群里普遍使用的人称复数“我们”分解成了现代生活里的人称单数“我”。每个“我”都是单一的，都有可能超越性别、肤色、国籍和文化等普遍的身份标记。当然，现代性还没有把我们带到那么远的地方，使我们能彻底摆脱地方之根的约束，因为我们依旧会认同自己是埃维里克族因纽特人、纳瓦霍人、美国人或中国人。尽管我们已经体现得很个人主义、很世界主义了，但在一些重要的层面上，我们依然具有民族性。而这在一定程度上也是很自然的结果，因为我们都不可避免地出生在某种文化里，在母亲身边学着成为某种特定的人。然而，我们的根性与早期的经历，也就是，我们的文化和成长经历，并不能束缚我们。相反，它们是我们的起点，从此出发，我们便可以成为自己想成为的那种人。在传统的民族共同体里，人类个体的生命路径是从家庭走向民族，而在现代社会里，通往成熟的道路会走得更远一些，也就是说，会从民族进一步走向宇宙，换言之，从炉台走向世界。而这样的能力，是我们人类所固有的。如何证明这一点呢？

像世界主义者一样的小孩子

我们可以在小孩子那里找到证据。在五六岁时，小孩子的想象世界已经远远超出了他们直接经验的范围。那样的世界生动而奇幻，很容易去拥抱那些遥远而奇异的事物。美国的小孩会看到床底下的怪物、天空中的飞碟、沙箱里的恐龙、浴缸里的潜水艇和月光下的仙子。而世上其他地方的孩子也会通过另外的方式激发出想象力，他们看到和梦想出来的事物也肯定是生动离奇的。此外，似乎所有的孩童都有一个共同点，那就是他们对世界的兴趣并不是从家庭延伸到社区，再到城镇，最后从城镇往更远的地方依次延伸出去。相反，他们的兴趣会跳过中间尺度的区域。所以，当美国的孩子长得更大一些的时候，他们的兴趣会从家庭延伸到社区，但却会跳过城镇和县城，在他们眼里，这些地理环境都是很无聊的。他们会直接去关注世界上更遥远、更具异国特色的地方。更形象地说，他们会跳过当地牧场里的奶牛，去关注动物园里的大象，会觉得中国的长城比镇上的水塔更有吸引力。简而言之，他们会直接飞跃到想象力的领域里去。

到 7 岁左右，当孩子们渴望被集体接纳的时候，心理格局就开始变小了。为了被接纳，他们放弃了与想象出来的朋友交谈时发明的丰富词汇，也放弃了他们幻想出来的世界，转而参与到同龄群体里以最低的共同准则建立起来的活动当中。也正是在这个阶段，孩童才正式步入了成年人的世界。会持续多年的这一过程被称为“文化适应”(acculturation)，它还会伴随着不断成熟的生理过程，最终的结果就是个性的衰减，因为文化的适应与成熟意味着要成为某种类型的男性或女性。然而，当环境允许的时候，有些人也总有可能去超越社会强加的各种类型。因为从生物学上来讲，人与人是不同的，而这样的差异是其他物种成员相互间的差异所无法相比的。同时，每个人的生物独特性越强，就越有可能超越这个世界已经积累起来的知识和智慧。从这一点来看，某个人就会选择去超越公共的要求，成为他想要的自我，以满足他自己最深的需要和最高的渴望。

个体的命运

正如我在这次演讲开始的时候所承认的那样，出于宗教或形而上学的原因，我重视人类的个体远远超过重视群体。但在我看来，还有一个更简单的可衡量的标准，那就是持续时间的长短，以及在持续时间之内所能取得的成就。一个共同体可以持续数百年而不发生任何变化。相比之下，一个人，即使在短暂的生命里，也可能出现巨大的变化。这样的变化往往出现在他能接触到过去和现在的人类同胞最优秀的成果的时候，无论这些成果是知识领域的还是道德领域的。尽管这听起来非常不切实际，但它依然是西方文明的理想所在。该理想承认这样一种观念，也就是，每个人都是按照上帝的形象创造的，而且，无论人是多么模糊地在反映着上帝的荣耀，他们都能变得完美起来。

最后，我要提及一个事件，在我看来，这个事件表明我们已经偏离这个理想有多么遥远，所以，重提这一理想是多么重要，哪怕只是为了制衡一下人类那些低级、世俗的唯物观念。1972年，有一个疯子进入圣彼得大教堂，轻微地损坏了米开朗基罗的雕塑杰作《圣母怜子》。他凿碎了圣母的眉毛。世界为此惊呆了。各地的头版头条都在报道这件事，就像在抗议同一天里，在越南丧生了数十名士兵一样。这两件事有什么区别吗？区别在于，我们常常觉得《圣母怜子》是件不可替代的艺术作品，是独一无二的。而士兵呢，他们都差不多，数量也丰富，很容易被替代。但是，真正不可替代的其实并不是大理石雕像，而是那些有血有肉的士兵，因为他们的价值是由上帝来背书的。倘若，这一信仰还存留了少许，倘若宇宙依然有着秩序之美，那么，把一个男人或女人的理想局限于炉台就是不合理的；倘若，天空依然是崇高的，那么，把他们的视线局限于大地也是不合理的；倘若，男男女女的灵魂里依然铭刻着普遍而神圣的道德律，那么，把他们的道德限制在所属的共同体里，同样是不合理的。

演讲后的思考

在今天这个世俗的时代里，个人主义只剩下了一个意义，那就是，消极的自我中心。但这种意义却与我的观念相左。我认为，每个人都是为着智力的启蒙和道德的完善而生的。这似乎是一个不可能实现的呼召。然而，耶稣不仅对少数功成名就者发出了这样的呼召，也在他的登山宝训中对群众发出了这样的呼召。

“你们听见有话说：‘当爱你的邻舍，恨你的仇敌。’只是我告诉你们，要爱你们的仇敌，为那逼迫你们的祷告。这样，就可以作你们天父的儿子；因为他叫日头照好人，也照歹人；降雨给义人，也给不义的人。”（《马太福音》5：43—45）

这些话在我听来仿佛是对道德完美主义和知识普世主义的呼吁。当我们大多数人都还只是相当普通的人的时候，这些话有什么意义呢？但问题却在于，我们真的就只是这么普普通通的人吗？在夏威夷大学的这场讲座开始的时候，我承认这一观点有它的宗教基础，但我却没有明说它究竟是什么，因为如果我说了，大多数听众都会离开。那么，现在我想说，它的宗教基础在于：“世界上并没有所谓的普通人。每天和你说话的人其实都是灵魂不死的人。相反，国家、文化、艺术、文明，这些东西才是有死的，它们的生命对于我们而言，就像跳蚤的生命一样。但是，和我们一起开玩笑、一起工作、结婚，也被我们冷落了、剥削了的人其实都是灵魂不死的人。而在这些人里面，有的人是不灭的惊悚，有的人是不朽的辉煌。”

译后记

段义孚先生69岁那年，创作了自传《我是谁？》，回忆了从童年到晚年的经历。先生为何要写这部自传？

首先，先生认为自己是一个无根的人。正如他在开篇里所言：“作为一个寻不到根的人，我天生就该自我审视。”因此，这部自传是他对自己大半生寻根历程的一次回顾与剖析。而之所以感到自己无根，其中一个原因在于，青年时期，他从未在任何一个地方住满过五年。

> 我一直在不停地换住处，先是小时候与家人一起，长大后便独自一人。我的“家”换了一个又一个城市——天津、南京、上海、昆明、重庆、堪培拉、悉尼、马尼拉、伦敦、牛津、巴黎、伯克利、布卢明顿、芝加哥、阿尔伯克基和多伦多。

直到38岁，段义孚先生搬到了明尼阿波利斯和麦迪逊，在这两个地方各住了十四年，而这才是他最能感受到归属感的地方。

其次，在人际关系上，段义孚同样认为自己是无根的人。他终身未婚（这与他关于生命救赎的体验有关）；另一方面，他无法完全融入西方社会。因此，身份认同对段义孚而言，始终是一个需要审视的问题。

之所以写作自传，有个体的原因，即某人欲对自己的人生展开一次全面的审视；也有社会性的原因，即当时的社会土壤要有利于自传文学的产生。从20世纪60年代的社会环境来看，随着科技的迅猛革新、地域流动性的不断增强，人的身份危机开始凸显出来，进而越来越多的人提出了“我是谁?”的问题。

> “我是谁?”是新千年即将来临之际的一个时髦问题。似乎每个人都在问。不仅个人、团体，甚至国家都会问自己“我是谁”或“我们是谁”。

因而，越来越多的人借助自传文学这一途径对“根”展开了价值寻求。而段义孚的这部自传也正产生于这样的社会土壤。然而，这部自传却又与时下多数自传文学有着明显的不同。

首先，在《我是谁?》里，时间线索和公共事件皆不突出，也无特别丰富、如数家珍的个人回忆。而这些要素却能体现在其他多数自传作品里。原因在于，段义孚并不像某些悲观主义者那样，甘愿被过去某些不堪回首的时光捆缚，进而主动遗忘了很多事情；同时，他一贯追求精神胜于追溯具体事件，因为在他看来，前者指向了永恒，后者却容易朽坏。

其次，通常用来吸引出版商和读者那种扣人心弦、轰轰烈烈的事迹在这部自传里很罕见。在他自己眼中，人生的大部分岁月都不如那些外向的自传者具有彰显自身的光彩，反而，他的成年时光多是独自过着一种“向内”的生活，也形成了一道独特的“内在景观”（inscapes）——精神上的景观。因此，刻画“精神景观”正是这部自传的主旨。

再其次，与大多数人的生命轨迹不同，多数人是从童年的“炉台”迈向成年的“宇宙”，但段义孚的人生轨迹却是反过来的，即从世界走向了自我，从童年所处的公共领域走入了成年后的私人领域。但，这也绝不等于进入成年后，格局反而缩小；相反，他却愈益朝着由观念和思想构筑起来的宏大世界迈进。

因此，《我是谁？》的魅力，并不在于引人入胜、博人眼球的不凡经历，这些事物或许离普通人的生活太遥远；相反，它的魅力在于，在平凡的事物与事件里，去体察个体生命在不断破碎与重建、踟蹰与前行的过程里呈现出的意义与价值。难怪世界地理学最高荣誉奖的评委会，把段义孚比作地理学界的“小王子”，因为他们两人都常常在平凡微小的事物中用情至深。

宇宙与炉台：生命最初的底色

段义孚从童年到成年，是从“宇宙”走向了“炉台”。童年时期，他生活在世界的舞台上，经历着各种公共事件。成年后，他的世界缩小到了学术的角落里。这样的人生经历对他一生的追求——心灵追求、关系追求与事业追求——均产生了根本的影响，奠定了最初的生命底色。

段义孚成长在抗日战争时期一个中产阶级家庭里。父亲段茂澜是一名外交官，这让童年的段义孚能频繁接触到世界性的事件与人物。他在自传里提到了与自己家庭关系颇深的三个人：段祺瑞、汪精卫和周恩来。

段氏家族起源于安徽，到了近代分为两支：一支家财万贯，住在合肥，是段祺瑞所属的一支；另一支家境贫寒，住在银山（可能在安徽芜湖附近），是段茂澜所属的一支。所以，段祺瑞一直资助段茂澜在南开中学读书。后来，段茂澜接受了西方教育，为段义孚的童年创造了中产家庭的成长环境。汪精卫是段义孚母亲的一位远房表亲。由于汪精卫投靠日本人，段茂澜一家对他的态度十分矛盾，一方面试图与这位亲戚划清界限，另一方面在私人感情上又不得不有所顾念。周恩来是段茂澜的好友，虽然两人最终在政治路线上迥然不同，但私下的友谊却一直维持着。

周恩来在重庆工作时，常常拜访段义孚家。段义孚说，父亲和周恩来在客厅里掰手腕的情景一直历历在目。正因为父亲的外交官身份，他和众多世界级的政治人物都有或近或远的关系，这使得童年的段义孚总能亲历各种公共事件，生活在“世界主义”（Cosmopolitan）的环境中，超越了狭隘的地方主义。

而同时，段义孚就读的小学也为他开启了世界主义的视野。战时的陪都重庆在段义孚的记忆里并非一处温暖的家乡，而是一个贫穷、战乱、充满死亡和迷信气息的地方。这或许同他家位于重庆乡郊有关。在那里，他每天都要忍受空气里的酸腐味、遭遇恶臭的泥浆、路过脏乱的小摊小贩和黑市上的交易，偶尔还能撞见村子里的迷信——预防诈尸的白事。与此相对的是，1938 年，段茂澜和他的朋友们在南开发电厂旁创办了一所只有一间教室的小学。段义孚在这所小学里获得了世界主义的启蒙教育。在课堂上，他不仅认识了牛顿、富兰克林、瓦特等伟大的科学家，还读到了王尔德的《快乐王子》。这些人物和故事都令他的思维超越了地方主义和国族主义的狭隘性，融入更崇高的人类精神文明的“宇宙”里。

段义孚在另一本半自传体作品《人文主义地理学》里回忆说：

> 我从未想过他们可能不是中国人。我——并且确定其他中国孩子，只是简单地把他们当成值得钦佩的人，我想模仿他们的创造力、知识、勇气和孝义。在我们生命中的敏感阶段我们把自己视为这个令人振奋的，不断扩大的广阔世界必不可少的组成部分。这为我们在以后岁月里从容面对残酷现实——无论是世界大战还是自身的局限性——提供了可能性。[1]

因此，段义孚童年的生活空间可以视为由两种环境组成：其一，战乱贫穷的农村，带给他死亡的恐惧，心灵无法扎根；其二，家庭与学校，虽然尺度上是更微观的两点一线，但却连接着更宏大的世界主义与公共舞台。在那里，段义孚感受到了精神的升华，奠定了他一生总渴望宏大而永恒事物的思想基调。

自我与永恒：四种爱的经历

自我，是贯穿《我是谁？》的主题。由上文可见，原生家庭是段义孚塑造自我的第一片土壤，给予了他世界主义的广袤“宇宙”。童年时期，他就已实现“炉台”与“宇宙”

1［美］段义孚：《人文主义地理学：对于意义的个体追寻》，宋秀葵、陈金凤、张盼盼译，上海：上海译文出版社，2020 年，第 224 页。

之间的穿梭。因此，“宇宙”的意象已融为他生命的底色，也是令他一生不断向往永恒之物的动力所在。

或许，正因为这般自我的成长与塑造，才让段义孚的情感轨迹与大多数人的情感轨迹不同。译者认为，段义孚的情感更接近于柏拉图式的爱——一种对超验之物的理念式的爱。古希腊人将爱分为了四种：抚爱（Astorgos）、友爱（Phileo）、情爱（Eros）与圣爱（Agape）。并认为每个人的一生都或多或少会经历这四种爱。那么，段义孚在这四种爱中有着怎样的经历呢？

抚爱：逝去的阴晴圆缺

原生家庭是段义孚最初的心灵寄托，然而，这样的寄托并不牢固。这有两方面原因：一是父爱的匮乏，二是易逝的母爱和兄弟们的暗暗争夺。

事实上，段义孚并非完全体会不到父爱，只是儒家式父爱的坚硬棱角，令内心敏感的段义孚屡屡受伤，也令青春期的他蒙上了一层酸楚。

> 可怜的父亲啊！他完全没有想到因为这样一件芝麻小事大发雷霆，会造成我永久的心灵创伤——尽管当时他只是在我手腕上轻轻打了一巴掌，说不定还是我“罪有应得”的。但这给我的青春期蒙上了一层酸

楚。也就是说，哪怕没有惊天动地的灾祸，日常生活里也充满了混乱、失望和不公平。

当父爱被责任的外衣包裹起来，显得既克制、坚硬又略带冷漠时，在儿子的记忆里就形成了若即若离、空洞可怖的意象。再加上父亲对长子（段岱孚）和三子（段三孚）的偏爱，对次子和小闺女（段思孚）的忽视，令段义孚对父亲的感情充满了矛盾。最终，幽灵的梦魇成为根植在段义孚记忆深处的父亲形象。但此梦境也依然透露着他对父爱的渴求。

不幸的是，我对父亲最深刻的记忆，却是童年的一场噩梦。……我张开双臂想拥抱他……怎么回事？一个幽灵却站在了我面前，可以看出，那是我的父亲，但他身上却披着一件丧服。这具幽灵在不断变化的气流中移动着，没有重量。那是一个恶鬼，一具尸体，空洞的眼睛里泛着黄色的光。

2005 年，当 75 岁的段义孚再次回到重庆时，这个噩梦竟然重现了。[1] 可想而知，当 1980 年父亲在台北去世的时候，

1 这一细节详见［美］段义孚：《回家记》，志丞译，上海：上海译文出版社，2013 年，第 125—127 页。

段义孚没有去见他最后一面，脆弱到多么地毫无心力。

与父亲相比，母亲却给予了段义孚最温暖的抚爱，然而，这样的爱却总是时而相聚时而分离。况且，兄弟之间还潜流着对母爱的争夺。

年幼时，因有一位保姆在他的身边照顾，母亲反而和他有一段距离。结果，在他眼里，母亲就成了一位疏远、高贵、有魅力的人物。进入青春期后，母亲在他的印象里，又变成了一位脆弱而不谙世事的女性，这便激起了他想要保护母亲的欲望。但母亲独立的个性并不需要儿子的保护。

由于段义孚常年在异地求学和工作，他与母亲常常见少离多。但每次相聚，母亲深切的关怀与不舍，都令他倍感温暖。《我是谁?》回忆了他因工作和母亲离别之际，母亲挖空心思，用“计”挽留自己的一幕，感人至深：

> 9月临近，我和母亲都变得惴惴不安，但我们彼此都把这样的不安埋在了心底。再过不久，我就要回印第安纳州上班了。分别的一天终于到来了。我和母亲都起得很早。我们先到城里悠闲地吃了一顿早餐，这似乎是母亲发明的拖延战术。直到最后，我不得不说，我要走了。但是，母亲立刻又想到了另一个计策，她坚持要我带一些加利福尼亚州产的橙子，在我长途开

车的时候可以解解渴。于是，我陪她一起去了超市。我同弟弟妹妹都在收银台旁等着她，而她则沿着过道故意慢条斯理地挑选着橙子，最后，她抱着一大口袋向我们走来。我们来到汽车旁，打开车门，我把橙子放进车里，转身对母亲说再见，她立刻紧紧拥抱了我，掉下了眼泪。平日，她很少拥抱我，因为中国人没有这样的习惯。

母亲不明原因的持续背痛——胰腺癌的早期症状，是一直笼罩在段义孚心里的阴影。只是当母亲的背痛偶尔消失或轻微时，他才会再次沐浴在母亲的欢声笑语与朗朗艳阳的家庭氛围里。然而，日子却总是阴多晴少，最终，母亲躺在了病床上。一日凌晨，当医生带来母亲离世的消息时，段义孚发现自己的一颗扣子掉了，便立刻钻到椅子下面去找，到暖气片里面去找。那一刻，命运似乎宣告着一个巨大的分水岭耸立在了他的生命里。丢失的扣子仿佛一个象征，意味着从此以后他失去了人与人之间的亲密关系。

若从常理出发，大概一个人年少时获得的抚爱越多，成年后越有更大的动力将这种抚爱传递下去——哪怕不是传递给人，也是传递给宠物。然而，段义孚在这本自传里明确否定了宠物在他生命中存在的可能性。这一方面因为他认为宠物是“强权的心理学”的典型例证，另一方面在于：

> 既然我放弃了真实的亲密关系——这个能给我带来最大风险和回报的东西，就不想再退而求其次了。其原因可能出于自尊心或者任性，但还有一件事——我不想伤害狗的感情，不想对它说：“我没有软玉温香可以揽入怀中，所以将就着摸摸你好了！”岂有此理！

虽然有这些话，段义孚却在晚年收养了孩子，抚爱居然以这种方式传递下去了。他一生寻根，最后自己反而成了别人的“根”；他一生追求永恒，自己的情感反而有很大的流变性。显然，相比于他去世时92岁的高龄，不到70岁时出版的自传只算得上一张历史的“定格照片”而已。

友爱：瑜中带瑕的情谊

在对友情的探寻中，段义孚不仅看到了它美好的一面，还时常能意识到它可能带来的嫌恶。

大卫·哈里斯是来到美国伯克利大学念书的一名英国学生，与段义孚一见如故。哈里斯从念书到工作再到结婚，段义孚就像一位年长的亲戚一般见证着他的成长。然而，尽管交往颇深，段义孚仍能感受到友情里的张力。他回忆说，大卫成家后：

比我之前认识的，在人格上更广阔，更难以准确捉摸。因为在原先那个大卫的身上添加了其他的自我——更好的自我（就像老人们常说的那样），以及未来的自我，也就是他的孩子们。甚至当我和他单独交谈时，都能感觉到，除了一些专业知识以外，他在思考事物的时候，在考虑投入多少时间和精力之前，都会考虑一些额外的因素，所以无法给出一个准确的预期来。所以，我们再也不能来一场说走就走的旅行了。

另一次激烈的友情张力，出现在段义孚和哈里斯一家的野外考察期间：

或许是大卫觉得自己认路，没必要跟在我后面；也可能是因为孩子们那时候都需要照顾。我想是出于这些原因。后方传来一声鸣笛，随后，大卫的车卷起尘土超过了我。我不想被甩得太远，所以也加大了油门。但我的卡车显然在速度上比不过他们。最后，我们之间的距离越拉越大，不久，在我眼前剩下的，就只是扬起的尘土了，到最后，连尘土都看不见了。我便陷入了一片孤独的阴影里。……更糟的是，我甚至觉得自己很荒诞。我到底在新墨西哥州的土路上做什么？开车追一个坐在轿车里的年轻家庭？我一度想把卡车掉头开回阿尔伯克基。当然，我没有，因为恢复了理智。

友情的张力很大部分源于段义孚的独身身份，他无法像大卫那样，从家庭关系里汲取更新的自我。进而，他觉得自己从未成熟过，或者说，还未成熟就老了。当岁月静好时，他常把孤独的时光打发在伤春悲秋的散文和诗歌里，投入读书、思考、反省和白日梦里。然而，当身体遭遇病痛或暂时无法自理的时候，亲密关系的缺失就会像生命的一道裂口，豁然矗立在眼前。

当那名医生叫我去急救室的时候，我内心的恐惧又是怎么一回事？是因为死亡吗？还是因为别的什么东西？我觉得不是死亡，而是对孤独的恐惧，对只身一人在医院里无能为力的恐惧，对置身于心灰意冷的环境里的恐惧。

而让段义孚最刻骨铭心的一次友情伤痛，出现在办公室里忽然病倒、无法自理的一个周末。段义孚给同事们打电话求援，但却得不到任何帮助。要么无人接听，要么是找各种借口推辞不来。事后，段义孚再也不像往常那样去餐厅里和同事们一起吃饭了，因为，他已无心力再去承受同事们友善的面孔了。

当然，段义孚在《我是谁？》里也回忆了曾经有过的无私友爱。比如，和研究生约翰·希基、同事吉姆·诺克斯斯，以及和同事 10 岁的儿子约书亚的友情。它们就像一枚枚闪闪发光的印章，铭刻在了人生最美好的记忆里。

但问题也在于，友情本身通常不易达成亲密关系的建造。当他步入迟暮之年，也看到了对专属两人且排他的友情关系不切实际的理解与期待。

> 直至暮年，我也只在很短的时间里有过这样的关系，要么是社会性的，要么是职业性的。我也时常浪漫化地看待这层关系，为它赋予了过多的意义。可当爱遭遇挫折时，就会生出多愁善感来，我一直都在对抗这样的情感，但终究徒劳无用。

亲密关系的缺位与友情的不完美，令他缺乏足够的自信彻底融入当地的社会。当然，段义孚也十分渴望能像本土人士那样，不戴面具地与人谈天说地；然而现实却是，他很多时候只能借由一些社交技巧、适度伪装、肢体语言和专业术语来实现交流。同时，他也感受到自己根本无法像人类学家玛格丽特·米德那样直来直去地表达自己的观点。因为米德是土生土长的美国人，可以直言不讳。

因此，这里衬托出段义孚进行学术思考的两片重要土壤，一是“与人的疏离”，二是“无根性”，它们相辅相成。“与人的疏离”促使他思考孤独与个体的意义。比如，《分隔的世界与自我》正是借由对空间分隔的历史考察，来思考现代个体生存状况的原因及现实意义；而“无根性”则促使他思考人与环境之间或正或负的关系：正如《恋地情结》，负如《无边的恐惧》《逃避主义》等，这构成了他对“地方之爱”（topophilia）与“地方之畏”（topophobia）的反合性思考。

段义孚对友爱的渴求是显而易见的。他在《回家记》里记述，在北京的短短几天时间里，他就和两个学生助手（志丞和左一鸥）产生了友情；在他离开北京的最后一晚，志丞没能当面和他道别，竟然成了他北京之行的一桩憾事。回到家后，他把两个小友的照片做成了冰箱贴，一直贴在显眼的位置。《回家记》译本成书之后，译者志丞朗读了全文，并制作成音频 CD 寄给了段义孚，他非常喜欢，经常拿出来听。对于他来说，这段音频形成了超越性的意义，让友情不会随着时间推移而朽烂，也不会随着空间延展而衰弱。

在这部自传里，段义孚甚至对自我展开了更加深入的剖析。之所以在友情与人际关系中存在难以克服的张力，根本上还在于自己缺少生命力，这让他一直都欠缺主动与人建立关系的勇气，或表白的能力。

顺便提一下，本书成书于1999年，写作此书时，段义孚与1996年才到麦迪逊任教的朱阿兴还未建立起深厚的情谊。但在随后的日子里，朱阿兴热情爽朗的性格和无微不至的关心让段义孚深受触动，两人也成了忘年之交。读者在《回家记》里可以感受到他们彼此的情感纽带。朱阿兴不仅以同事的身份关照段义孚的日常生活，他们一家人还以中国人的面孔和行事风格，让段义孚的情感重新连结到自己的“根”。朱阿兴在段义孚的追思会上曾说，段义孚的去世不仅让他失去了一位地理学上的导师、一位自己热爱的同事，甚至可以说失去了一名家庭成员。如果《我是谁？》写于2009年，相信段义孚一定会对友爱有另一种体会。

情爱：一生的海市蜃楼

> 所以我觉得，我生命力的缺乏乃源于身体上的缺陷。对此我很怨愤，因为我其实可以成为一个更好的人——一个更有魅力的人——倘若“生命的绿泉”能在我的血液里涌流得更快一些就好了。

童年的段义孚是一个病恹恹的孩子，成年后健康状况有所改善，但总是缺乏一种热情洋溢、帮助他人的力量，也欠缺占据主动的勇气。因此，他一直认为身体上的不足造成了生命力的欠缺和安全感的匮乏。进而，造成了性取向的错位。而在加利福尼亚州的土壤课上，更让他的性别意识遭受了沉重打击。他在男同学们的眼里：

> 就只是个小跟班儿——或者换个不好听的说法，是个小妹儿，我发现自己每次出现在他们面前时，他们都会忽然压低嗓门儿，时而还爆出一些粗俗的话来。

其实，段义孚并没有在《我是谁?》里去追忆太多具体的情感经历，正如前面所言，一五一十地讲自己的故事，并不是这部自传的追求，从心理上刻画自己是怎样一个人才是。因此，段义孚借由讲述别人的故事来呈现自己的内心。他选择了曾在多篇文章里表达过敬慕之情的对象——地理学泰斗亚历山大·冯·洪堡所遭遇的三次同性情爱的故事，来引发读者与他之间的共情。共情的地方，不仅在于这样的感情关系常不堪一击，经不起考验；而且，还可能会让人失去“一项人人与生俱来就享有的权利——可以在睡前和爱人一起吃点心”，换言之——婚姻的权利。

到了老年，洪堡依然思维活跃，不断收获着来自各方的荣誉和尊敬。只是在感情问题上，他不得不在一段段零碎的关系中寻求满足。

同时，双性恋文学家约翰·契弗积极主动、热情奔放的情爱力量，就仿佛段义孚的反面一般，观照出他既缺失又羡慕的那个狂热奔放的自我。

当我读到他欲壑难填般地抱怨、一遍又一遍在日记里诉苦时，心里就会升起一股怒火，就好像自己是个饿得半死的佃户，见到主人在饭桌上大快朵颐还不停抱怨鸽子肉不够吃一样。

在爱和亲密关系上，我就是那个饿得半死的佃户。

所以，情爱，与内心极其敏感的段义孚之间，一生之久都只是海市蜃楼般的关系。他从不敢亦不会将自己的身、心、灵完全委身到与另一个人的情爱关系里，因为，对他而言，这无异于飞蛾扑火。最多，他只是在相关的小说、诗歌或散文里去纾解自己的渴望，并客观地观照“情爱”本身，产生出理性思考的强大力量，融入学术作品的创作里。

圣爱：返乡的奥德修斯？

当段义孚步入老年阶段，父母的抚爱已成为感怀的往事；友人的情谊在岁月的沉淀中，显得尺瑜寸瑕；情爱，或者爱情，早已在具体而微的关系里主动疏离了。最终，这部自传里最大的主角仿佛只剩下了那个茕茕孑立的“自我”？

倘若这就是结局，或许也能折射出两方面的原因：一方面，这三类情感在终极层面上都是不可靠的，即，它们都无法让段义孚感受到永恒的稳固，无法坚若磐石地让他委身其中，这亦是他在心里面早已洞悉的实际；另一方面在于，段义孚对这些关系用情至深，而用情至深也意味着伤痛会刻骨铭心。于是，作为一个内心极易感伤之人，他只能将自己摆在一个相对安全的位置上，用几十年的心血，拿理性的经纬调和着情感的绿泉将它们倾泻在文字里。

从他的字里行间，我们可以看到，段义孚其实一生都在寻找那块能让自己的情感去寄托的稳固磐石——永恒。

然而，何为永恒？

对“永恒”的把握，能帮助我们理解段义孚思想中形而上学的部分。段义孚的思想里透露出很强烈的对形而上学的追求，这是解读其思想时不能忽视的。比如，在对地方感的分析中，他就曾谈到，在标准的地方感的模式之外，还存在着另一种神秘的地方感。[1] 标准的地方感模式是指，在某地方待过一段时间后，人获得的直接而复杂的地方经验；而超越标准模式的神秘地方感是指，在没有复杂体验和时间积累的前提下，人对某地方产生的突如其来的强烈感受与认同。段义孚曾在《恋地情结》里谈到诗人华兹华斯戏剧性地被赫尔维林峰的景色所冲击的经历，这激起了诗人对无限存在的向往。而就段义孚自己而言，能令他触及永恒存在的风景是"荒漠"。

> 害羞的人，不爱交际的人，或者像我这样被古怪的追求抑制了社交需要的人，或许更应该投身于大自然。……最后，可能只有待在无机物的环境中，例如沙漠、冰山里，人才能心旷神怡、宠辱偕忘。

荒漠对段义孚的巨大吸引力令他自己感到意外，因为，如此这般风景从不曾出现在他的成长经历里，因此是上文所说的"神秘的地方感"。沿着这样的感动不断深入分析，他发现：在自己眼里，美必须与人无关——甚至与生命无

1 参见［美］段义孚：《地方感：人的意义何在？》，宋秀葵、陈金凤译，《鄱阳湖学刊》2017 年第 4 期，第 38—44 页、第 126 页。

关——才能慰藉灵魂。

在段义孚的审美情结里，荒漠可以呈现为沙漠、冰原、海洋、无人的城市……它们之所以有魅力，在于它们都不需要肉体的参与，而只需精神和想象的融入。与此相对的是，他厌恶热带雨林的环境，雨林会在他心中唤起腐烂和性欲的意象，即死亡的意象（性欲关联着死亡[1]）。死亡，在他看来，意味着对个体的消灭，将个体吞没在一团没有秩序的混沌里。相反，荒漠，则能凸显出个体的存在与美感，让人产生鲜明的个体意识。

> 死亡，意味着个体的消亡，再次融入没有差异的整体之中。热带雨林凭着过剩的生命力拒绝着个体的存有。在那一团生命里，没有植物、动物或个人是独立存在、显眼夺目的。但在沙漠里，每个生命都与别的生命有着空间上的分离，个体也能因其自身而感到自豪起来。在沙漠里，我会觉得自己太过显眼，犹如一根孤独的棍子在地面投出轮廓分明的影子。在那一刻，我若遇见另一个人，一定会望着他，独一无二，珍惜无比——衬托着背后的荒漠与天空，他显得美丽

1［美］段义孚：《人文主义地理学：对于意义的个体追寻》，第 245 页。

而清晰。

在此，我们可以看见两组对子出现在了段义孚的生命观里：

其一：个体——生命——永恒

其二：整体——死亡——暂时

很显然，在他眼里，个体与永恒是相互连接的：个体在永恒里获得归属，反过来，永恒在个体里被认识，进而释放出他能感受到的生命意义。

步入中老年阶段，段义孚的思想愈益朝着抽象的观念、概念或理念演进，它们似乎成了更能代表永恒的事物；而具体的地理事物，如社会、景观和地方渐渐退居其次了。

> 在50岁的时候，我体内的机理肯定发生过一次变化。从那时起，大地上的壮观景色，像高山、平原、城镇、古色古香的店铺、高耸入云的大厦等等，都无法再激起我的兴奋感了，它们变成了我思考的对象。甚至作为一名地理学者，我的兴趣点也越来越转向了观念和概括性的事物，而非具体独特的事物。……进入中老年后，我惊奇地发现，自己竟然变成了一个希腊人，像苏格拉底或柏拉图那样的希腊人，使得我的激

情朝着极致的美奔流而去。

段义孚感到自己越来越像一个希腊人，或许是因为他在晚年更能清晰看见自己命运的轨迹？也看清了自己精神的归处是个体在永恒里的意义？而古希腊思想的基本维度正是由永恒的命运与微小的个体不断交织起来的。

若在古希腊人的众多形象里去选择的话，与其说，段义孚很像他自己提到的柏拉图或亚里士多德；不如说，他更像荷马史诗《奥德赛》里，长年漂泊在返乡途中的奥德修斯——命运迫使他离开了抚爱的海岸，途经一座座友爱的海岛，穿越一片片情爱的迷雾，朝着他总能望见的圣爱——永恒的理念进发，似乎，那里才是他心灵的归宿，他的“伊萨卡”。而从孩提时代伊始，无机的世界——矿物、冰块、荒漠……就像返乡旅途中的一块块路标，指引着这位“奥德修斯”的脚踪。

那么，最终，段义孚是否真像古希腊的奥德修斯那样，回到了失却已久的故乡？

在自传的结尾，他仿佛又彻底否定了自己的“返乡之旅”。他似乎望见，自己这趟旅途的终点不过只是重重的黑暗而已：

有一次，已过半夜，我独自在内布拉斯加州疏落的景观里驾车向西而行。在不宽的高速公路上，只有我和前面一辆车在行驶。我们一直结伴而行。我对自己的驾驶技术一直信心不够，尤其是在黑夜里，所以，我很感激前面那辆车的尾灯，一直引导着我，给予我安全感。但当我开始觉得这样的陪伴是理所当然的时候，他却闪起了右转灯。这是颇有礼貌的信号，但也是令人遗憾的，因为此后，就只剩下我独自一人了。那辆车拐进了一条乡间小道。于是，就只剩下我自己的车前灯来引路了。这灯光只能照亮很短的一段路，而这路，在更远之处，则被吞没在了重重的黑暗里。

这种“黑暗终点”的个体命运，不禁让人思考起海德格尔“向死而生”的观念，也可能让人联想到奥德修斯的另一个意象——“尤利西斯”。

“奥德修斯”的传统意象是归家。而七百年前的但丁一反奥德修斯的原型，根据西塞罗等罗马人的作品，再创了一个新的形象“尤利西斯”，出现在《神曲·地狱篇》第二十六歌中。尤利西斯的意象是“离家”，与奥德修斯相反，他寓指中世纪晚期和现代夹角下的新人类；而拒绝回家的尤利西斯，深刻地预示着现代人在自然世界与社会风暴中的剧烈动荡。[1]

那么，段义孚的生命观是否与尤利西斯的意象更接近？

本书附录中收录了段义孚的一篇演讲稿，作为对《我是谁？》内容反思后的补充。这次演讲作于2012年，在夏威夷大学，题目为"文化多样性、现代性与个体"，从讲稿里我们能观照出和上述"黑暗终点"命运观的不同。

2012年的这篇演讲与他同年出版的著作《人文主义地理学》形成了生命观的呼应。从这些文本的字里行间我们都可以看见，段义孚皈依了基督教。那么，基督信仰或许是他最终寻觅到的一片心灵家园。2012年，段义孚82岁，从创作《我是谁？》的那年算起，他又跋涉了十三年的人生旅途。

十三年里，他有过怎样的经历，促使他认定基督教是自己的最终的心灵归宿，我们暂时不得而知。但从这两本自传作品里可以看到，早年，他在悉尼的教会学校念中学时已深受基督教的影响；之后在牛津就读本科期间，他"所崇拜的智力与想象力非凡的人，……都是基督徒"。[2]

他渴望以基督教的人文主义思想来驱散前文"黑暗终

1 吴功青：《但丁逝世七百年 | 吴功青：尤利西斯寓言——无家可归的现代人》，澎湃新闻网，https://www.thepaper.cn/newDetail_forword_14479380，2021年9月14日。

2 ［美］段义孚：《人文主义地理学：对于意义的个体追寻》，第248页。

点”的个体命运，或许正是他希望在《我是谁？》里补充2012年这篇演讲稿的原因之一。文中，他将人类个体的价值直接归到“每个人都是按照上帝的形象创造的”这一基本的基督教神学观里，以此，来让个体释放出永恒的价值感与生命的意义。

> 每个人都是按照上帝的形象创造的，而且，无论人是多么模糊地在反映着上帝的荣耀，他们都能变得完美起来。……倘若，这一信仰还存留了少许，倘若宇宙依然有着秩序之美，那么，把一个男人或女人的理想局限于炉台就是不合理的；倘若，天空依然是崇高的，那么，把他们的视线局限于大地也是不合理的；倘若，男男女女的灵魂里依然铭刻着普遍而神圣的道德律，那么，把他们的道德限制在所属的共同体里，同样是不合理的。

在文中，段义孚也表明了现代个人主义的深刻危机——“消极的自我中心”。他并不认可这样的价值，相反，他认为：“每个人都是为着智力的启蒙和道德的完善而生的。这似乎是一个不可能实现的呼召。然而，耶稣不仅对少数功成名就者发出了这样的呼召，也在他的登山宝训中对群众发出了这样的呼召。”

最后，段义孚承袭他的一位精神导师C. S. 刘易斯的基督教的“灵魂不灭”观，来唤起人们对个体生命价值的觉知。因此，“灵魂不灭”的永恒性与个体存在的意义在基督教的人文主义当中产生了终极的连接。

> 世界上并没有所谓的普通人。每天和你说话的人其实都是灵魂不死的人。相反，国家、文化、艺术、文明，这些东西才是有死的，它们的生命对于我们而言，就像跳蚤的生命一样。但是，和我们一起开玩笑、一起工作、结婚，也被我们冷落了、剥削了的人其实都是灵魂不死的人。而在这些人里面，有的人是不灭的惊悚，有的人是不朽的辉煌。

段义孚的经历也许是特殊的，但他的问题却是普遍的。我们漂泊无依的命运，个人如此，人类又何尝不如此呢？！尽管存在各种迷离，但我们最终得回到家中。[1] 当然，我们只是从现有的素材中去解读段义孚——他的学术生涯就是他的家，每一本书都仿佛是一个房间，每一个段落都仿佛是一

1 叶超：《今日，我们如何读义孚》，《人文地理》2019年第5期，第159—160页。

件物品。正如他自己说的：

> 我的目光倏然落在厨房的桌子上，桌面摆着一盏仿蒂芙尼的台灯，长椅上的靠背又软又鼓，一张张按字母顺序排列的光碟，多年来积累的书籍，还有一堆没来得及看的杂志。它们是多么平静、甜蜜，令人安心啊！它们似乎在说："我们会永远陪着你的。"这就是我的屋子和里面东西的情形。它们会一直存在于这个地方，这让人心安。它们便是错综变化的生活里的一道避风港。从某种意义上说，它们其实就是我自己。在我离世以后，它们就会浮光掠影般地呈现出那个最好的也是最真实的我来。

在本书翻译过程中，段义孚先生本人补充了很多信息，帮助译者完成了对他人生片段的解读。志丞曾向他表示本书出版后还会朗读全文并发给他音频，但段先生已于2022年8月溘然仙逝，不胜唏嘘之际，也向他表示敬意和谢意。

段义孚先生的养子常超一先生提供了本书中绝大多数照片，使译本的照片比原本丰富了许多，让读者更直观地认识了段义孚。上海书店出版社的范晶和俞诗逸两位编辑为本书的出版付出了很多。译者的导师、北京师范大学的周尚意教授为此书作序。魏潇对本书的译文提出了非常宝贵的意见，小余一茶对此亦有贡献。若没有上述几位老师的心血，本书也不会顺利出版。在此向他们表示衷心的感谢！

2023年5月

（译后记的部分内容源于译者之一刘苏所写《洞鉴 | 我是谁？一个人文主义地理学家与他的世界：纪念段义孚》一文，发表于澎湃新闻网“市政厅”栏目，2022年8月26日。）

图书在版编目(CIP)数据

我是谁?:段义孚自传/(美)段义孚著;志丞,刘苏译.—上海:上海书店出版社,2023.8(2025.1重印)

书名原文:Who Am I? An Autobiography of Emotion, Mind, and Spirit

ISBN 978-7-5458-2272-4

Ⅰ.①我… Ⅱ.①段… ②志… ③刘… Ⅲ.①传记文学-美国-现代 Ⅳ.①I712.55

中国国家版本馆CIP数据核字(2023)第078662号

责任编辑 俞诗逸 范 晶

营销编辑 王 慧

装帧设计 wscgraphic.com

我是谁?段义孚自传

[美]段义孚 著 志 丞 刘 苏 译

出　　版 上海书店出版社
(201101 上海市闵行区号景路159弄C座)

发　　行 上海人民出版社发行中心

印　　刷 上海雅昌艺术印刷有限公司

开　　本 787×1092 1/32

印　　张 9.375

字　　数 160,000

版　　次 2023年8月第1版

印　　次 2025年1月第6次印刷

ISBN 978-7-5458-2272-4/I·567

定　　价 69.00元